ΒΙΒΛΙΟ ΜΑΓΕΙΡΙΚΗΣ ΤΑ ΠΑΝΤΑ ΠΡΑΓΜΑΤΟΠΟΙΗΜΕΝΑ ΜΑΜΑ

Κάντε τον προγραμματισμό γευμάτων παιχνιδάκι με 100 εύκολες και θρεπτικές συνταγές για πολυάσχολες μαμάδες και τις οικογένειές τους

Βικτόρια Πολίτη

ΠΙΝΑΚΑΣ ΠΕΡΙΕΧΟΜΕΝΩΝ

ΚΥΡΙΟ ΠΙΑΤΟ   95

ΕΙΣΑΓΩΓΗ

Πολλές πολυάσχολες μαμάδες φοβούνται την πρόκληση να βρουν ένα νόστιμο και υγιεινό σπιτικό γεύμα στο τραπέζι. Αυτό το βιβλίο έχει εξαιρετικές επιλογές για γρήγορα και ικανοποιητικά γεύματα και περιλαμβάνει τα αγαπημένα πρωινά που κυμαίνονται από τηγανίτες μέχρι τα καλύτερα muffins του κόσμου και εύκολα αλλά χορταστικά δείπνα, όπως το Saffron Chicken.

Το The Βιβλιο μαγειρικησ τα παντα πραγματοποιημενα μαμα Cookbook είναι ο τέλειος οδηγός για μαμάδες που θέλουν να ετοιμάζουν νόστιμα και υγιεινά γεύματα για τις οικογένειές τους, χωρίς να περνούν ώρες στην κουζίνα. Αυτό το βιβλίο μαγειρικής περιλαμβάνει 100 εύκολες συνταγές, η καθεμία με τη δική της πολύχρωμη εικόνα, κάνοντας τον προγραμματισμό του γεύματος παιχνιδάκι. Από το πρωινό μέχρι το δείπνο και όλα τα ενδιάμεσα, αυτό το βιβλίο μαγειρικής σας καλύπτει με συνταγές που είναι τόσο θρεπτικές όσο και νόστιμες. Με επιλογές για κάθε διατροφική ανάγκη, θα βρείτε συνταγές για γεύματα χωρίς γλουτένη, χορτοφαγικά και vegan γεύματα, καθώς και αγαπημένα για οικογένειες, όπως mac and cheese και fajitas κοτόπουλου. Κάθε συνταγή περιλαμβάνει μια λεπτομερή λίστα συστατικών, σαφείς οδηγίες και εκτιμώμενους χρόνους προετοιμασίας και μαγειρέματος, ώστε να μπορείτε εύκολα να προγραμματίζετε τα γεύματά σας σύμφωνα με το πολυάσχολο πρόγραμμά σας.

Αυτό το Βιβλίο Μαγειρικής του Βιβλιο μαγειρικησ τα παντα πραγματοποιημενα μαμα έχει εξαιρετικής ποιότητας γαστρονομική τεχνογνωσία για τις συγκεκριμένες ανάγκες των πολυάσχολων γονιών. Καλή όρεξη!

ΠΡΩΙΝΟ ΓΕΥΜΑ

1. Τορτίγιες λιναριού

Κάνει 5

ΣΥΣΤΑΤΙΚΑ:

- 1 φλιτζάνι Γεύμα με σπόρους χρυσού λιναριού
- 2 κουταλιές της σούπας σπόροι Chia
- 2 κουταλάκια του γλυκού Ελαιόλαδο
- ½ κουταλάκι του γλυκού Κάρυ σε σκόνη
- 1 φλιτζάνι Φιλτραρισμένο Νερό
- 1 κουταλάκι του γλυκού αλεύρι καρύδας

ΟΔΗΓΙΕΣ:

Σε ένα μεγάλο μπολ ανακατεύουμε καλά όλα τα ξηρά υλικάεκτός από το αλεύρι καρύδας και το μισό ελαιόλαδο.

a)   Ανακατεύουμε καλά μέχρι το μείγμα να γίνει μια συμπαγής μπάλα.

b)   Πασπαλίστε τη ζύμη με αλεύρι καρύδας και απλώστε τη ζύμη με έναν πλάστη.

c)   Κόψτε την τορτίγια σας με ένα φαρδύ στρογγυλό εργαλείο.

d)   Ζεσταίνουμε 1 κουταλάκι του γλυκού ελαιόλαδο σε ένα τηγάνι σε μέτρια προς δυνατή φωτιά. Μόλις ζεσταθεί το λάδι, προσθέστε την τορτίγια και τηγανίστε μέχρι να πάρει το επιθυμητό χρώμα.

2. Τηγανίτες με φυστικοβούτυρο

Κάνει 6

ΣΥΣΤΑΤΙΚΑ:

- 1 ¼ φλιτζάνι Αλεύρι για όλες τις χρήσεις
- 3 κουταλιές της σούπας λευκή κρυσταλλική ζάχαρη
- 1 κουταλιά της σούπας Baking Powder
- ¼ κουταλάκι του γλυκού Αλάτι
- 1 φλιτζάνι γάλα σόγιας
- 1 Αυγό λιναριού
- ¼ φλιτζάνι φυστικοβούτυρο
- ⅔ φλιτζάνι Τσιπς σοκολάτας
- Λάδι καρύδας, για τηγάνισμα

ΟΔΗΓΙΕΣ:

a)   Κοσκινίζουμε το αλεύρι σε ένα μπολ και προσθέτουμε τη ζάχαρη, το μπέικιν πάουντερ και το αλάτι.

b)   Προσθέστε και χτυπήστε μαζί το γάλα σόγιας, το αυγό λιναριού και το φυστικοβούτυρο για να ενωθούν.

c)   Ανακατεύουμε τελευταία τα κομματάκια σοκολάτας.

d)   Μαγειρέψτε ένα τέταρτο φλιτζάνι ζύμη σε ένα τηγάνι με λίγο λάδι καρύδας.

e)   Μαγειρέψτε κάθε τηγανίτα για περίπου 3 λεπτά και από τις δύο πλευρές ή μέχρι να ροδίσει.

3. Κράνμπερι τηγανίτες με σιρόπι

Κάνει 4 με 6 μερίδες

ΣΥΣΤΑΤΙΚΑ:
- 1 φλιτζάνι βραστό νερό
- ½ φλιτζάνι ζαχαρούχα αποξηραμένα κράνμπερι
- ½ φλιτζάνι σιρόπι σφενδάμου
- ¼ φλιτζάνι φρέσκο χυμό πορτοκαλιού
- ¼ φλιτζάνι ψιλοκομμένο πορτοκάλι
- 1 κουταλιά της σούπας μαργαρίνη
- 1 ½ φλιτζάνι αλεύρι για όλες τις χρήσεις
- 1 κουταλιά της σούπας ζάχαρη
- 1 κουταλιά της σούπας μπέικιν πάουντερ
- ½ κουταλάκι του γλυκού αλάτι
- 1 ½ φλιτζάνι γάλα σόγιας
- ¼ φλιτζάνι μαλακό μεταξωτό τόφου, στραγγισμένο
- 1 κουταλιά της σούπας κανόλα ή σταφυλέλαιο, συν
περισσότερο για το τηγάνισμα

ΟΔΗΓΙΕΣ:

a)   Προθερμαίνουμε το φούρνο στους 225 βαθμούς Φαρενάιτ.

b)   Ρίξτε το βραστό νερό πάνω από τα cranberries σε μια θερμαντική λεκάνη και αφήστε τα στην άκρη για 10 λεπτά να μαλακώσουν. Στραγγίζουμε καλά το νερό και το αφήνουμε στην άκρη.

c)   Συνδυάστε το σιρόπι σφενδάμου, το χυμό πορτοκαλιού, το πορτοκάλι και τη μαργαρίνη σε μια μικρή κατσαρόλα και βράστε σε χαμηλή φωτιά, ανακατεύοντας συνεχώς για να λιώσει η μαργαρίνη.

d)   Ανακατεύουμε μαζί το αλεύρι, τη ζάχαρη, το μπέικιν πάουντερ και το αλάτι σε ένα μεγάλο μπολ.

e)   Ανακατέψτε το γάλα σόγιας, το τόφου και το λάδι μαζί σε έναν επεξεργαστή τροφίμων ή στο μπλέντερ μέχρι να ομογενοποιηθούν.

Με μερικές γρήγορες κινήσεις, ανακατέψτε τα υγρά συστατικά στα ξηρά συστατικά. Διπλώνουμε τα κράνμπερι που έχουν μαλακώσει.

f)   Ζεσταίνουμε ένα λεπτό στρώμα λαδιού σε ένα ταψί ή ένα μεγάλο τηγάνι σε μέτρια προς δυνατή φωτιά. ¼ φλιτζάνι έως ¼ φλιτζάνι από το κουρκούτι πρέπει να χυθεί στο ζεστό ταψί.

g)   Μαγειρέψτε για 2 με 3 λεπτά ή μέχρι να βγουν μικρές φυσαλίδες στην επιφάνεια.

h)   Μαγειρέψτε μέχρι να ροδίσει η δεύτερη πλευρά της τηγανίτας, περίπου 2 λεπτά ακόμα.

i)   Τοποθετήστε τις τηγανητές τηγανίτες σε ένα πυρίμαχο σκεύος και κρατήστε τις ζεστές στο φούρνο όσο τελειώνετε την υπόλοιπη παρτίδα. Σερβίρουμε με σιρόπι πορτοκαλιού-σφενδάμου στο πλάι.

4. Πορτοκαλί τηγανίτες κολοκύθας

Κάνει 4

ΣΥΣΤΑΤΙΚΑ:
- 10 g αλεσμένο λιναράλευρο
- 45 ml νερό
- 235 ml γάλα σόγιας χωρίς ζάχαρη
- 15 ml χυμό λεμονιού
- 60 γρ αλεύρι φαγόπυρου
- 60 γρ αλεύρι για όλες τις χρήσεις
- 8 g μπέικιν πάουντερ, χωρίς αλουμίνιο
- 2 κουταλάκια του γλυκού τριμμένο ξύσμα πορτοκαλιού
- 25 g λευκοί σπόροι chia
- 120 γρ βιολογικό πουρέ κολοκύθας
- 30 ml λιωμένο και κρύο λάδι καρύδας
- 5 ml πάστα βανίλιας
- 30 ml καθαρό σιρόπι σφενδάμου

ΟΔΗΓΙΕΣ:
a)   Σε ένα μικρό μπολ, ανακατέψτε το αλεσμένο λινάρι και το νερό. Αφήνω στην άκρη.

b)   Σε ένα μέτριο σκεύος ανάμειξης, συνδυάστε το γάλα αμυγδάλου και το μηλόξυδο. Αφήστε στην άκρη για πέντε λεπτά.

c)   Συνδυάστε το αλεύρι φαγόπυρου, το αλεύρι για όλες τις χρήσεις, το μπέικιν πάουντερ, το ξύσμα πορτοκαλιού και τους σπόρους chia σε ένα ξεχωριστό μεγάλο μπολ ανάμειξης.

d)   Προσθέστε το γάλα αμυγδάλου, τον πουρέ κολοκύθας, το λάδι καρύδας, τη βανίλια και το σιρόπι σφενδάμου στο μείγμα.

e)   Ανακατεύουμε όλα μαζί μέχρι να γίνει ένα λείο χυλό.

f)   Σε ένα μεγάλο αντικολλητικό τηγάνι λιώνουμε το βούτυρο σε μέτρια προς δυνατή φωτιά. Βουρτσίστε μια μικρή ποσότητα λαδιού καρύδας στο τηγάνι.

g)   Σε ένα τηγάνι ρίχνουμε 60 ml ζύμη. Μαγειρέψτε για 1 λεπτό ή μέχρι να αναπτυχθούν φυσαλίδες στην επιφάνεια της τηγανίτας.

h)   Χρησιμοποιώντας μια σπάτουλα, ανασηκώστε απαλά και γυρίστε τη τηγανίτα.

i)   Μαγειρέψτε για άλλο 1 ½ λεπτό.

5. Σκουπάκια σφενδάμου φράουλα

Κάνει 2

ΣΥΣΤΑΤΙΚΑ:
- 2 φλιτζάνια αλεύρι βρώμης.
- ⅓ φλιτζάνι γάλα αμυγδάλου.
- 1 φλιτζάνι φράουλες.
- Μια χούφτα αποξηραμένα φραγκοστάφυλα.
- 5 κουταλιές της σούπας λάδι καρύδας.
- 5 κουταλιές της σούπας σιρόπι σφενδάμου.
- 1 κουταλιά της σούπας μπέικιν πάουντερ.
- 1 ½ κουταλάκι του γλυκού εκχύλισμα βανίλιας.
- 1 κουταλάκι κανέλα.
- ½ κουταλάκι του γλυκού κάρδαμο (προαιρετικά).
- Πασπαλίζουμε με αλάτι.

ΟΔΗΓΙΕΣ:
a)   Προσθέστε το λάδι καρύδας στο αλεύρι βρώμης και ανακατέψτε με ένα πιρούνι μέχρι να σχηματιστεί μια εύθρυπτη ζύμη.
Προσθέστε τα κομμάτια φράουλας και τα φραγκοστάφυλα μόλις κρυώσει και μετά ενσωματώστε σιγά σιγά όλα τα υγρά συστατικά.
b)   Σχηματίστε έναν κύκλο από τη ζύμη σε ένα ταψί στρωμένο με λαδόκολλα - πρέπει να έχει πάχος περίπου 1 ίντσας.
c)   Ψήνουμε για 15-17 λεπτά αφού το κόψουμε σε οκτώ τριγωνικά κομμάτια.
d)   Σερβίρετε με μαρμελάδα, μέλι ή βούτυρο ξηρών καρπών για μια ξεχωριστή απόλαυση!

6. Scramble tofu σπανάκι

Κάνει 1

ΣΥΣΤΑΤΙΚΑ:
ΚΡΕΜΑ ΓΑΛΑΚΤΟΣ:
- 75 g ωμά κάσιους, μουλιασμένα όλη τη νύχτα
- 30 ml χυμό λεμονιού
- 5 γρ διατροφική μαγιά
- 60 ml νερό 1 καλή πρέζα αλάτι

ΤΟΦΟΥ ΣΚΡΑΜΠΛ:
- 15 ml ελαιόλαδο
- 1 μικρό κρεμμύδι, κομμένο σε κύβους
- 1 σκελίδα σκόρδο, ψιλοκομμένη
- 400 τόφου σφιχτό, πατημένο, θρυμματισμένο
- ½ κουταλάκι του γλυκού αλεσμένο κύμινο
- ½ κουταλάκι του γλυκού σκόνη κάρυ
- ½ κουταλάκι του γλυκού κουρκουμά
- 2 ντομάτες σε κύβους
- 30 g baby σπανάκι
- Αλάτι, για γεύση

ΟΔΗΓΙΕΣ:

a)   Σε έναν επεξεργαστή τροφίμων, συνδυάστε τα κάσιους, το χυμό λεμονιού, τη θρεπτική μαγιά, το νερό και το αλάτι.

b)   Ανακατεύουμε σε υψηλή θερμοκρασία για 5-6 λεπτά ή μέχρι να ομογενοποιηθούν και αφήνουμε στην άκρη.

c)   Σε ένα τηγάνι ζεσταίνουμε το ελαιόλαδο για το scramble tofu.

d)   Ρίξτε μέσα το κρεμμύδι και μαγειρέψτε για 5 λεπτά σε μέτρια προς δυνατή φωτιά.

e)   Προσθέτουμε το σκόρδο και σιγοβράζουμε για 1 λεπτό ανακατεύοντας συνεχώς.

f)   Ανακατέψτε το θρυμματισμένο τόφου για να το αλείψετε με το λάδι.

g)   Προσθέστε το κύμινο, το κάρυ και τον κουρκουμά.

h)   Προσθέστε τις ντομάτες και μαγειρέψτε για 2 λεπτά.

i)   Προσθέστε το σπανάκι και μαγειρέψτε, ανακατεύοντας συνεχώς, για 1 λεπτό ή μέχρι να μαραθεί τελείως. Τοποθετήστε το σκραμπλ τοφου σε μια πιατέλα.

j)   Σερβίρουμε με μια κουταλιά κρέμα γάλακτος από πάνω.

7. Χυλός κινόα αμάρανθου

Κάνει 1

ΣΥΣΤΑΤΙΚΑ:

- 85 γρ κινόα
- 70 γρ αμάραντο.
- 460 ml νερό
- 115 ml γάλα σόγιας χωρίς ζάχαρη
- ½ κουταλάκι του γλυκού πάστα βανίλιας
- 15 γρ βούτυρο αμυγδάλου
- 30 ml καθαρό σιρόπι σφενδάμου
- 10 γραμμάρια ωμούς σπόρους κολοκύθας
- 10 γρ σπόρους ροδιού

ΟΔΗΓΙΕΣ:

a)   Συνδυάστε την κινόα, τον αμάρανθο και το νερό σε ένα μπολ ανάμειξης.

b)   Σε μέτρια προς δυνατή φωτιά, αφήστε να πάρει μια βράση.

c)   Χαμηλώνουμε τη φωτιά και μαγειρεύουμε τους κόκκους για 20 λεπτά, ανακατεύοντας τακτικά. Προσθέστε το γάλα και το σιρόπι σφενδάμου.

d)   Μαγειρέψτε για 6-7 λεπτά σε χαμηλή φωτιά. Αποσύρουμε από τη φωτιά και ανακατεύουμε το βούτυρο αμυγδάλου και το εκχύλισμα βανίλιας.

e)   Γαρνίρουμε με σπόρους ροδιού και κολοκυθόσπορους.

8. Miso ramen

ΣΥΣΤΑΤΙΚΑ:

- 5 κουταλιές της σούπας πάστα miso.
- 2 κουταλιές της σούπας σάλτσα σόγιας.
- 2 ½ cm κομμάτι τζίντζερ, τριμμένο.
- 12 μανιτάρια shiitake.
- 225 γρ καπνιστό τόφου, κομμένο σε 4 κομμάτια.
- 2 κουταλιές της σούπας υγρό amino ή tamari.
- 250 γρ noodles soba.
- 16 αυτιά baby καλαμπόκι.
- 1 κουταλιά της σούπας φυτικό λάδι.
- 8 παιδί pak choi.
- 200 γραμμάρια έτοιμα προς κατανάλωση φύτρα φασολιών.
- 2 κόκκινα τσίλι, κομμένα σε φέτες σε γωνία.
- 2 φρέσκα κρεμμυδάκια, προσεκτικά κομμένα σε γωνίες.
- 4 κουταλιές της σούπας τραγανό φύκι.
- 2 κουταλιές της σούπας μαύρο σουσάμι.
- 1 κουταλιά της σούπας σησαμέλαιο, για να τελειώσει.

ΟΔΗΓΙΕΣ:

a)   Βάλτε το miso, 1,5 λίτρο νερό, τη σάλτσα σόγιας, το τζίντζερ και το shiitake σε ένα μεγάλο τηγάνι. Ανακατεύουμε να ενσωματωθεί το miso και μετά αφήνουμε να σιγοβράσει πολύ απαλά. Συνεχίστε να σιγοβράζετε για 5 λεπτά.

b)   Εν τω μεταξύ, τοποθετήστε το καπνιστό τόφου σε ένα ρηχό μπολ και περιχύστε το υγρό αμινοξέα. Γυρίστε τα κομμάτια tofu για να βεβαιωθείτε ότι έχουν μουλιάσει καλά και από τις δύο πλευρές.

c)   Φέρτε ένα τηγάνι με αλατισμένο νερό να βράσει. Προσθέστε τα soba noodles, αφήστε τα να βράσουν και μαγειρέψτε μέχρι να μαλακώσουν, περίπου 5 λεπτά.

d)   Προσθέστε το παιδικό καλαμπόκι στον ζωμό miso και μαγειρέψτε για άλλα 4 λεπτά.

e)   Ζεσταίνουμε το λάδι σε ένα αντικολλητικό τηγάνι σε δυνατή φωτιά. Τοποθετήστε απαλά το τόφου στο τηγάνι και μαγειρέψτε για 2-3 λεπτά από κάθε πλευρά μέχρι να ροδίσει.

f)   Μόλις ψηθούν τα νουντλς, τα στραγγίζουμε σε ένα σουρωτήρι και τα ξεπλένουμε με κρύο νερό και μετά τα μοιράζουμε σε 4 μπολ σερβιρίσματος. Συμπεριλάβετε το pak choi στον ζωμό miso και ξεφορτωθείτε από τη φωτιά.

9. Tofu burrito

ΣΥΣΤΑΤΙΚΑ:

- 1 δεσμίδα 12 ουγγιών σταθερό ή εξαιρετικά σφιχτό τόφου.
- 1 κουταλάκι του γλυκού λάδι (ή 1 κουταλιά της σούπας (15 ml) νερό).
- 3 σκελίδες σκόρδο (ψιλοκομμένες).
- 1 κουταλιά της σούπας χούμους (αγορασμένο από το κατάστημα ή DIY).
- ½ κουταλάκι του γλυκού τσίλι σε σκόνη.
- ½ κουταλάκι του γλυκού κύμινο.
- 1 κουταλάκι του γλυκού διαιτητική μαγιά.
- ¼ κουταλάκι του γλυκού θαλασσινό αλάτι.
- 1 πρέζα πιπέρι καγιέν.
- ¼ κούπας μαϊντανός ψιλοκομμένος.
- Λαχανικά:

ΟΔΗΓΙΕΣ:

a) Προθερμάνετε το φούρνο στους 400° F (204° C) και στρώστε ένα ταψί με λαδόκολλα.

b) Προσθέστε πατάτες και κόκκινο πιπέρι στο ταψί, περιχύστε με λάδι (ή νερό) και μπαχαρικά και ανακατέψτε να ενωθούν. Ψήνουμε για 15-22 λεπτά ή μέχρι να μαλακώσουν και να ροδίσουν λίγο. Συμπεριλάβετε το λάχανο στα τελευταία 5 λεπτά.

c) Στο μεταξύ, ζεσταίνουμε ένα μεγάλο τηγάνι σε μέτρια φωτιά. Μόλις ζεσταθεί, προσθέστε λάδι (ή νερό), το σκόρδο και το τόφου και σοτάρετε για 7-10 λεπτά, ανακατεύοντας συχνά, μέχρι να ροδίσουν ελαφρά.

d) Εν τω μεταξύ, σε ένα μικρό μπολ ανάμειξης, συμπεριλάβετε το χούμους, τη σκόνη τσίλι, το κύμινο, τη θρεπτική μαγιά, το αλάτι και το καγιέν (προαιρετικά). Συνεχίζουμε προσθέτοντας νερό μέχρι να σχηματιστεί μια σάλτσα που χύνεται. Προσθέστε το μείγμα μπαχαρικών στο τόφου και συνεχίστε το μαγείρεμα σε μέτρια φωτιά μέχρι να ροδίσει ελαφρά - 3-5 λεπτά.

e) Συμπεριλάβετε γενναιόδωρες μερίδες από τα ψητά λαχανικά, ομελέτα τόφου, αβοκάντο, κόλιανδρο και λίγη σάλσα. Συνεχίστε μέχρι να εξαντληθούν όλες οι γαρνιτούρες - περίπου 3-4 μεγάλα μπουρίτο.

10. Vegan μπάρα πρωτεΐνης

ΣΥΣΤΑΤΙΚΑ:

- ⅓ φλιτζάνι αμάρανθος
- 3 κουταλιές της σούπας πρωτεΐνη σε σκόνη
- 2 κουταλιές της σούπας σιρόπι σφενδάμου
- 1 φλιτζάνι κρεμώδες αλατισμένο φυστικοβούτυρο ή αμύγδαλο
- 2-3 κουταλιές της σούπας λιωμένη μαύρη σοκολάτα

ΟΔΗΓΙΕΣ:

a) Ζεσταίνουμε μια μεγάλη κατσαρόλα σε μέτρια προς δυνατή φωτιά. Προσθέστε περίπου 2-3 κουταλιές της σούπας αμάραντο κάθε φορά και σκεπάστε αμέσως.

b) Προσθέστε το φυστικοβούτυρο ή το αμύγδαλο και το σιρόπι σφενδάμου σε ένα μέτριο μπολ ανάμειξης και ανακατέψτε να ενσωματωθούν. Στη συνέχεια, προσθέστε σκόνη πρωτεΐνης και ανακατέψτε.

c) Συμπεριλάβετε λίγο λίγο αμάραντο μέχρι να έχετε μια χαλαρή υφή "ζύμης". Ανακατέψτε με μια ξύλινη κουτάλα ή χρησιμοποιήστε τα χέρια για να διασκορπίσετε το μείγμα εξίσου.

d) Μεταφέρετε το μείγμα στο ψήσιμο και πιέστε το για να σχηματιστεί μια ομοιόμορφη στρώση. Τοποθετήστε χαρτί περγαμηνής ή πλαστική μεμβράνη στην κορυφή και χρησιμοποιήστε ένα αντικείμενο με επίπεδο πάτο, όπως ένα κύπελλο μέτρησης υγρών, για να σπρώξετε προς τα κάτω και να συσκευάσετε το μείγμα σε ένα ομοιόμορφο, σταθερό στρώμα.

e) Μεταφέρετε στην κατάψυξη για να σταθεροποιηθεί για 10-15 λεπτά ή μέχρι να σφίξει στην αφή. Ανασηκώστε το και κόψτε το σε εννέα μπάρες.

11. Πορτοκαλί τηγανίτες κολοκύθας

ΣΥΣΤΑΤΙΚΑ:

- 10 g αλεσμένο λιναράλευρο
- 45 ml νερό
- 235 ml γάλα σόγιας χωρίς ζάχαρη
- 15 ml χυμό λεμονιού
- 60 γρ αλεύρι φαγόπυρου
- 60 γρ αλεύρι για όλες τις χρήσεις
- 8 g μπέικιν πάουντερ, χωρίς αλουμίνιο
- 2 κουταλάκια του γλυκού τριμμένο ξύσμα πορτοκαλιού
- 25 g λευκοί σπόροι chia
- 120 γρ βιολογικό πουρέ κολοκύθας
- 30 ml λιωμένο και κρύο λάδι καρύδας
- 5 ml πάστα βανίλιας
- 30 ml καθαρό σιρόπι σφενδάμου

ΟΔΗΓΙΕΣ:

a) Συνδυάστε αλεσμένο αλεύρι λιναριού με νερό σε ένα μικρό μπολ. Αφήνουμε στην άκρη για 10 λεπτά. Συνδυάστε το γάλα αμυγδάλου και το ξίδι μηλίτη σε ένα μεσαίο μπολ. Αφήνουμε στην άκρη για 5 λεπτά.

b) Σε ένα ξεχωριστό μεγάλο μπολ, συνδυάστε το αλεύρι φαγόπυρου, το αλεύρι για όλες τις χρήσεις, το μπέικιν πάουντερ, το ξύσμα πορτοκαλιού και τους σπόρους chia.

c) Ρίξτε γάλα αμυγδάλου, μαζί με πουρέ κολοκύθας, λάδι καρύδας, βανίλια και σιρόπι σφενδάμου.

d) Χτυπήστε μαζί μέχρι να έχετε μια λεία ζύμη.

e) Ζεσταίνουμε το μεγάλο αντικολλητικό τηγάνι σε μέτρια προς δυνατή φωτιά. Αλείψτε το τηγάνι απαλά με λίγο λάδι καρύδας.

f) Ρίξτε 60 ml ζύμη στο τηγάνι. Μαγειρέψτε τη τηγανίτα για 1 λεπτό ή μέχρι να εμφανιστούν φυσαλίδες στην επιφάνεια.

g) Ανασηκώνουμε απαλά τη τηγανίτα με μια σπάτουλα και αναποδογυρίζουμε.

h) Μαγειρέψτε 1 ½ λεπτό ακόμα. Σύρετε τη τηγανίτα σε ένα πιάτο. Επαναλάβετε με το υπόλοιπο κουρκούτι.

12.   Γλυκοπατάτα και φρούτα

ΣΥΣΤΑΤΙΚΑ:

- 1 Επικάλυψη γλυκοπατάτας.
- 60 γρ βιολογικό φυστικοβούτυρο.
- 30 ml καθαρό σιρόπι σφενδάμου.
- 4 αποξηραμένα βερίκοκα, κομμένα σε φέτες.
- 30 γραμμάρια φρέσκα σμέουρα.

ΟΔΗΓΙΕΣ:

a) Καθαρίζουμε και κόβουμε τη γλυκοπατάτα σε φέτες πάχους ½ εκ.

b) Τοποθετήστε τις φέτες πατάτας σε μια τοστιέρα σε υψηλή θερμοκρασία για 5 λεπτά. Φρυγανίστε τις γλυκοπατάτες σας ΔΥΟ ΦΟΡΕΣ.

c) Τοποθετήστε τις φέτες γλυκοπατάτας σε ένα πιάτο.

d) Απλώστε το φυστικοβούτυρο πάνω σε φέτες γλυκοπατάτας.

e) Περιχύστε το σιρόπι σφενδάμου πάνω από το βούτυρο. Γεμίστε κάθε φέτα με ίση ποσότητα βερίκοκων και σμέουρων κομμένα σε φέτες. Σερβίρισμα.

13. Τηγανίτες με προζύμι κολοκύθας

Σφουγγάρι ολονύκτιας:

- ¼ φλιτζάνι μίζα με προζύμι χωρίς γλουτένη.
- ¼ φλιτζανιού πουρέ κολοκύθας.
- ½ φλιτζάνι αλεύρι ρεβιθιού (ή οποιοδήποτε άλλο αλεύρι χωρίς γλουτένη).
- ½ φλιτζάνι γάλα αμυγδάλου.
- 1-2 κουταλιές της σούπας σιρόπι σφενδάμου.

Το πρωί:

- 1 αυγό λιναριού (1 κουταλιά της σούπας αλεσμένος λιναρόσπορος + 3 κουταλιές της σούπας νερό).
- 1 κουταλάκι του γλυκού μπαχαρικό κολοκύθας.
- 1 κουταλάκι κανέλα.
- ½ κουταλάκι του γλυκού κουρκουμά.
- ¼ φλιτζάνι ωμές μύτες κακάο (ή κομματάκια σοκολάτας χωρίς ημερολόγιο).
- Μια χούφτα πεκάν σε φέτες (προαιρετικά, ωστόσο συνιστάται εξαιρετικά!).
- ½ κουταλάκι του γλυκού μαγειρική σόδα.
- 1 κουταλάκι του γλυκού μπέικιν πάουντερ.

ΟΔΗΓΙΕΣ:

Το βράδυ πριν φτιάξετε τις τηγανίτες, τοποθετήστε το παντεσπάνι**ΣΥΣΤΑΤΙΚΑ:**σε ένα μπολ που δεν αντιδρά. Ανακατεύουμε καλά, σκεπάζουμε με πλαστική μεμβράνη και αφήνουμε να καθίσει όλη τη νύχτα.

Το πρωί, πριν φτιάξετε τις τηγανίτες, προσθέστε όλα τα υπόλοιπα υλικά (εκτός από το μπέικιν πάουντερ και τη μαγειρική σόδα) στο παντεσπάνι που μένει όλη τη νύχτα. Ανακατέψτε καλά.

a) Ζεσταίνουμε ένα αντικολλητικό τηγάνι σε μέτρια φωτιά.

b) Προσθέστε τη μαγειρική σόδα και το μπέικιν πάουντερ στο κουρκούτι και ανακατέψτε τα προσεκτικά.

c) Βάλτε ¼ φλιτζάνι από το κουρκούτι στο τηγάνι για κάθε τηγανίτα και τηγανίστε μέχρι να δείτε φυσαλίδες να σχηματίζονται στην επιφάνεια των τηγανιτών και οι άκρες να στεγνώσουν.

14.   Σκουπάκια σφενδάμου φράουλα

ΣΥΣΤΑΤΙΚΑ:

- 2 φλιτζάνια αλεύρι βρώμης.
- ⅓ φλιτζάνι γάλα αμυγδάλου.
- 1 φλιτζάνι φράουλες.
- Μια χούφτα αποξηραμένα φραγκοστάφυλα.
- 5 κουταλιές της σούπας λάδι καρύδας.
- 5 κουταλιές της σούπας σιρόπι σφενδάμου.
- 1 κουταλιά της σούπας μπέικιν πάουντερ.
- 1 ½ κουταλάκι του γλυκού εκχύλισμα βανίλιας.
- 1 κουταλάκι κανέλα.

ΟΔΗΓΙΕΣ:

Συμπεριλάβετε το λάδι καρύδας και με ένα κουπάτ ή πιρούνι, κόψτε και ανακατέψτε το λάδι καρύδας στο μείγμα αλευριού βρώμης μέχρι να σχηματιστεί μια εύθρυπτη ζύμη. Μόλις κρυώσει προσθέτουμε τα κομμάτια της φράουλας, τα φραγκοστάφυλα και τα υγρά υλικά.

a) Ανακατέψτε αργά τα ξηρά και τα υγρά συστατικά μέχρι να ενωθούν - προσέξτε να μην ανακατέψετε υπερβολικά.

b) Σε ένα ταψί στρωμένο με λαδόκολλα, σχηματίστε έναν κύκλο από τη ζύμη - πρέπει να έχει να κάνει με πάχος 1 ίντσας. Κόβουμε σε οκτώ τριγωνικά κομμάτια και ψήνουμε για 15-17 λεπτά. Απολαύστε μαρμελάδα, λίγο μέλι ή βούτυρο ξηρών καρπών!

15. Scramble tofu σπανάκι

Κρέμα γάλακτος:

- 75 g ωμά κάσιους, μουλιασμένα όλη τη νύχτα,
- 30 ml χυμό λεμονιού,
- 5 γρ διατροφική μαγιά,
- 60 ml νερό 1 καλή πρέζα αλάτι,

Τοφού ανακατωσούρα:

- 15 ml ελαιόλαδο.
- 1 μικρό κρεμμύδι, κομμένο σε κύβους.
- 1 σκελίδα σκόρδο, ψιλοκομμένη.
- 400 τόφου σφιχτό, πατημένο, θρυμματισμένο.
- ½ κουταλάκι του γλυκού αλεσμένο κύμινο.
- ½ κουταλάκι του γλυκού σκόνη κάρυ.
- ½ κουταλάκι του γλυκού κουρκουμά.
- 2 ντομάτες σε κύβους.
- 30 g baby σπανάκι
- Αλάτι, για γεύση.

ΟΔΗΓΙΕΣ:

a)   Φτιάξτε την κρέμα κάσιους. ξεπλύνετε και στραγγίστε τα μουλιασμένα κάσιους.

b)   Τοποθετήστε τα κάσιους, το χυμό λεμονιού, τη θρεπτική μαγιά, το νερό και το αλάτι σε έναν επεξεργαστή τροφίμων.

c)   Ανακατεύουμε σε υψηλή θερμοκρασία μέχρι να ομογενοποιηθούν, για 5-6 λεπτά.

d)   Μεταφέρετε σε ένα μπολ και αφήστε στην άκρη. Κάντε το tofu scramble? ζεσταίνουμε το ελαιόλαδο σε ένα τηγάνι.

e)   Προσθέστε το κρεμμύδι και μαγειρέψτε για 5 λεπτά σε μέτρια προς δυνατή ένταση.

f)   Προσθέστε το σκόρδο, και μαγειρέψτε ανακατεύοντας, για 1 λεπτό.

g)   Προσθέστε το θρυμματισμένο τόφου και ανακατέψτε να αλείψει με λάδι.

h)   Προσθέστε το κύμινο, το κάρυ και τον κουρκουμά. Μαγειρέψτε το τόφου για 2 λεπτά.

i)   Προσθέστε τις ντομάτες και μαγειρέψτε για 2 λεπτά.

j)   Προσθέστε το σπανάκι και μαγειρέψτε, ανακατεύοντας μέχρι να μαραθεί τελείως, περίπου 1 λεπτό. Μεταφέρετε το tofu scramble στο πιάτο.

k)   Περιχύνουμε με μια κρέμα γάλακτος και σερβίρουμε.

16.   Διανυκτέρευση βρώμη chia

ΣΥΣΤΑΤΙΚΑ:

- 470 ml γάλα σόγιας πλήρες σε λιπαρά.
- 90 g παλαιομοδίτικης βρώμης.
- 40 γρ σπόρους chia.
- 15 ml καθαρό σιρόπι σφενδάμου.
- 25 γρ φιστίκια θρυμματισμένα.
- Μαρμελάδα βατόμουρο

ΟΔΗΓΙΕΣ:

a) Φτιάξτε τη βρώμη? σε ένα μεγάλο μπολ, συνδυάστε γάλα σόγιας, βρώμη, σπόρους chia και σιρόπι σφενδάμου.

b) Σκεπάζουμε και βάζουμε στο ψυγείο όλη τη νύχτα.

c) Φτιάξτε τη μαρμελάδα. συνδυάστε τα βατόμουρα, το σιρόπι σφενδάμου και το νερό σε μια κατσαρόλα. Σιγοβράζουμε σε μέτρια φωτιά για 10 λεπτά.

d) Προσθέστε τους σπόρους chia και σιγοβράστε τα βατόμουρα για 10 λεπτά.

e) Αποσύρουμε από τη φωτιά και ανακατεύουμε με το χυμό λεμονιού. Πολτοποιούμε τα βατόμουρα με ένα πιρούνι και τα αφήνουμε στην άκρη να κρυώσουν.

f) Συγκεντρώνουν; μοιράστε το πλιγούρι σε τέσσερα μπολ σερβιρίσματος.

g) Συμπληρώστε με κάθε μπολ μαρμελάδα βατόμουρο.

h) Πασπαλίζουμε με φιστίκια Αιγίνης πριν σερβίρουμε.

17. Χυλός κινόα αμάρανθου

ΣΥΣΤΑΤΙΚΑ:

- 85 γρ κινόα.
- 70 γρ αμάραντο.
- 460 ml νερό.
- 115 ml γάλα σόγιας χωρίς ζάχαρη.
- ½ κουταλάκι του γλυκού πάστα βανίλιας.
- 15 γρ βούτυρο αμυγδάλου.
- 30 ml καθαρό σιρόπι σφενδάμου.
- 10 γραμμάρια ωμούς σπόρους κολοκύθας.
- 10 γρ σπόρους ροδιού.

ΟΔΗΓΙΕΣ:

a) Συνδυάστε κινόα, αμάρανθο και νερό.

b) Αφήνουμε να πάρει μια βράση σε μέτρια προς δυνατή φωτιά.

c) Χαμηλώνουμε τη φωτιά και σιγοβράζουμε τους κόκκους, ανακατεύοντας κατά διαστήματα, για 20 λεπτά. Προσθέστε γάλα και σιρόπι σφενδάμου.

d) Σιγοβράζουμε για 6-7 λεπτά. Αποσύρουμε από τη φωτιά και προσθέτουμε τη βανίλια, και το βούτυρο αμυγδάλου.

e) Αφήστε το μείγμα να σταθεί για 5 λεπτά.

f) Μοιράζουμε τον χυλό σε δύο μπολ.

g) Από πάνω ρίχνουμε σπόρους κολοκύθας και σπόρους ροδιού.

18. Μάφιν φακές κακάο

ΣΥΣΤΑΤΙΚΑ:

- 195 γρ μαγειρεμένες κόκκινες φακές.
- 50 ml λιωμένο λάδι καρύδας.
- 45 ml καθαρό σιρόπι σφενδάμου.
- 60 ml γάλα αμυγδάλου χωρίς ζάχαρη.
- 60 ml νερό.
- 60 g ακατέργαστη σκόνη κακάο.
- 120 γρ αλεύρι ολικής αλέσεως.
- 20 γρ αλεύρι από φιστίκια.
- 10 γρ μπέικιν πάουντερ
- 70 γρ κομματάκια σοκολάτας.

ΟΔΗΓΙΕΣ:

a)   Προθερμάνετε το φούρνο στους 200° C/400° F.

b)   Τοποθετήστε τις μαγειρεμένες κόκκινες φακές σε ένα μπλέντερ τροφίμων. Ανακατεύουμε σε υψηλή θερμοκρασία μέχρι να ομογενοποιηθούν. Μεταφέρετε τον πουρέ φακών σε ένα μεγάλο μπολ. Προσθέστε λάδι καρύδας, σιρόπι σφενδάμου, γάλα αμυγδάλου και νερό.

c)   Σε ένα ξεχωριστό μπολ, χτυπήστε ελαφρά τη σκόνη κακάο, το αλεύρι ολικής αλέσεως, το αλεύρι από φιστίκια και το μπέικιν πάουντερ.

Διπλώστε σε υγρό**ΣΥΣΤΑΤΙΚΑ:**και ανακατεύουμε μέχρι να ομογενοποιηθούν.

d)   Προσθέστε τα κομματάκια σοκολάτας και ανακατέψτε μέχρι να ενσωματωθούν.

e)   Μοιράστε τη ζύμη σε 12 χάρτινες θήκες.

f)   Ψήστε τα muffins για 15 λεπτά.

19. Κρέπες ρεβιθιών με μανιτάρια

ΣΥΣΤΑΤΙΚΑ:

Κρέπες:

- 140 γρ αλεύρι ρεβιθιού.
- 30 γρ αλεύρι από φιστίκια.
- 5 γρ διατροφική μαγιά.
- 5 g σκόνη κάρυ.
- 350 ml νερό.
- Αλάτι, για γεύση.

ΠΛΗΡΩΣΗ:

- 10 ml ελαιόλαδο.
- 4 καπάκια μανιταριών Portobello, κομμένα σε λεπτές φέτες.
- 1 κρεμμύδι, κομμένο σε λεπτές φέτες.
- 30 g baby σπανάκι.
- Αλάτι και πιπέρι για να γευτείς.
- μαγιονέζα:

ΟΔΗΓΙΕΣ:

a) Φτιάξτε τη μαγιονέζα

b) Χτυπάμε με μίξερ χειρός για 30 δευτερόλεπτα.

c) Ρυθμίστε το μίξερ στην υψηλότερη ταχύτητα. Περιχύστε με λάδι αβοκάντο και χτυπήστε για 10 λεπτά ή μέχρι να έχετε ένα μείγμα που θυμίζει μαγιονέζα.

d) Αλατίζουμε και βάζουμε στο ψυγείο για 1 ώρα.

e) Φτιάξτε τις κρέπες. συνδυάστε αλεύρι ρεβιθιού, φυστικάλευρο, διατροφική μαγιά, σκόνη κάρυ, νερό και αλάτι για γεύση σε ένα μπλέντερ τροφίμων.

f) Ζεσταίνουμε το μεγάλο αντικολλητικό τηγάνι σε μέτρια προς δυνατή φωτιά. Ψεκάστε το τηγάνι με λίγο μαγειρικό λάδι.

g) Ρίξτε ¼ φλιτζάνι από τη ζύμη στο τηγάνι και με περιστροφικές κινήσεις μοιράστε τη ζύμη σε όλο τον πάτο του τηγανιού.

h) Μαγειρέψτε την κρέπα για 1 λεπτό ανά πλευρά. Σύρετε την κρέπα σε ένα πιάτο και κρατήστε τη ζεστή.

i) Φτιάξτε τη γέμιση? ζεσταίνουμε το ελαιόλαδο σε ένα τηγάνι σε μέτρια προς δυνατή φωτιά.

j) Προσθέστε τα μανιτάρια και το κρεμμύδι και μαγειρέψτε για 6-8 λεπτά.

k) Προσθέστε το σπανάκι και ανακατέψτε μέχρι να μαραθεί, για 1 λεπτό.

l) Αλατοπιπερώνουμε και μεταφέρουμε σε ένα μεγάλο μπολ.

m) Διπλώστε σε έτοιμη μαγιονέζα.

20. Τοστ γλυκοπατάτας

ΣΥΣΤΑΤΙΚΑ:

- 2 μεγάλες γλυκοπατάτες, κομμένες σε φέτες.
- Φέτες πάχους ¼ ίντσας.
- 1 κουταλιά της σούπας λάδι αβοκάντο.
- 1 κουταλάκι του γλυκού αλάτι ½ φλιτζάνι γουακαμόλε.
- ½ φλιτζάνι ντομάτες, κομμένες σε φέτες.

ΟΔΗΓΙΕΣ:

a) Προθερμάνετε το φούρνο σας στους 425° F.

b) Καλύψτε ένα ταψί με λαδόκολλα.

c) Τρίψτε τις φέτες πατάτας με λάδι και αλάτι και βάλτε τις σε ένα ταψί. Ψήνετε για 5 λεπτά στο φούρνο, στη συνέχεια αναποδογυρίζετε και ψήνετε ξανά για 5 λεπτά.

d) Καλύψτε τις ψημένες φέτες με γουακαμόλε και ντομάτες.

ΣΝΑΚ

21.   <u>Δοχείο σνακ με πράσινη πρωτεΐνη</u>

ΣΥΣΤΑΤΙΚΑ:

- 8 ουγγιές φασόλια edamame, κατεψυγμένα.
- 8 ουγγιές μπιζέλια, κατεψυγμένα.
- 4 κουταλιές της σούπας σουσάμι.
- 4 κουταλιές της σούπας σάλτσα σόγιας (χαμηλό νάτριο).
- Σάλτσα τσίλι κατά προτίμηση, για γεύση.
- Κολιάντρο, προαιρετικό.

ΟΔΗΓΙΕΣ:

a) Τοποθετήστε τα κατεψυγμένα μπιζέλια και το edamame σε ένα μπολ κατάλληλο για φούρνο μικροκυμάτων. Βάλτε λίγο νερό και ξεπαγώστε στο φούρνο μικροκυμάτων για περίπου 30 δευτερόλεπτα, ώστε να έρθει σε θερμοκρασία δωματίου.

b) Σε ένα μικρό δοχείο, κατσαρόλα ή δοχείο, τοποθετήστε τους σπόρους μαζί με τον αρακά και τα φασόλια.

c) Ανακατέψτε τη σάλτσα σόγιας, το τσίλι και τον κόλιανδρο πριν το φάτε. Απολαμβάνω!

22. <u>Μπουκιές μάφιν κινόα</u>

ΣΥΣΤΑΤΙΚΑ:

- 1 ½ φλιτζάνι έτοιμη κινόα.
- 2 αυγά, χτυπημένα.
- ½ φλιτζάνι πουρέ γλυκοπατάτας.
- ½ φλιτζάνι μαύρα φασόλια.
- 1 κουταλιά της σούπας κόλιανδρο ψιλοκομμένο.
- 1 κουταλάκι του γλυκού κύμινο.
- 1 κουταλάκι του γλυκού πάπρικα.
- ½ κουταλάκι του γλυκού σκόνη σκόρδου.
- ½ κουταλάκι του γλυκού αλάτι.
- ⅛ κουταλάκια του γλυκού μαύρο πιπέρι.
- Σπρέι μαγειρικής.

ΟΔΗΓΙΕΣ:

Προθερμάνετε το φούρνο στους 350° F. προσθέστε όλα τα υλικά σε ένα μεγάλο μπολ και ανακατέψτε μέχρι να ενσωματωθούν όλα.

α) Ρίχνετε με κουτάλι το μείγμα στις φόρμες για μάφιν χρησιμοποιώντας μια κουταλιά της σούπας και απλώνετε το πάνω μέρος από το καθένα. Ψήνουμε μέχρι να ψηθούν και να κρατηθούν μαζί για περίπου 15-20 λεπτά.

23. Δαγκώματα PB και J Energy

ΣΥΣΤΑΤΙΚΑ:

- ½ φλιτζάνι βελούδινο αλατισμένο φυστικοβούτυρο.
- ¼ φλιτζάνι σιρόπι σφενδάμου.
- 2 κουταλιές της σούπας πρωτεΐνη σε σκόνη
- 1 ¼ φλιτζάνι τυλιγμένη βρώμη χωρίς γλουτένη.
- 2 ½ κουταλιές της σούπας αλεύρι λιναρόσπορου.
- 2 κουταλιές της σούπας σπόροι chia.
- ¼ φλιτζάνι αποξηραμένα φρούτα.

ΟΔΗΓΙΕΣ:

a)   Σε ένα μεγάλο μπολ ανάμειξης, συμπεριλάβετε φυστικοβούτυρο, σιρόπι σφενδάμου και σκόνη πρωτεΐνης, τυλιγμένη βρώμη, λιναρόσπορο, σπόρους chia και αποξηραμένα φρούτα της επιλογής σας. Αν είναι πολύ ξηρό/τραχυμένο, συμπεριλάβετε περισσότερο φυστικοβούτυρο ή σιρόπι σφενδάμου.

b)   Αφήνουμε στο ψυγείο για 5 λεπτά. Αφαιρέστε 1 ½ κουταλιά της σούπας ποσότητες και κυλήστε σε μπαλάκια. Η «ζύμη» πρέπει να αποδώσει περίπου 13-14 μπάλες.

c)   Απολαύστε αμέσως και φυλάξτε τα καλά κλεισμένα υπολείμματα στο ψυγείο για 1 εβδομάδα ή στην κατάψυξη περίπου 1 μήνα.

24. Χούμους ψητό καρότο

ΣΥΣΤΑΤΙΚΑ:

- 1 κουτί ρεβίθια, ξεπλυμένο και στραγγισμένο.
- 3 καρότα.
- 1 σκελίδα σκόρδο.
- 1 κουταλάκι του γλυκού πάπρικα.
- 1 φορτωμένη κουταλιά της σούπας ταχίνι.
- Ο χυμός από 1 λεμόνι
- 2 κουταλιές της σούπας επιπλέον παρθένο ελαιόλαδο.
- 6 κουταλιές της σούπας νερό.
- ½ κουταλάκι του γλυκού κύμινο σε σκόνη.
- Αλάτι για γεύση.

ΟΔΗΓΙΕΣ:

a)   Προθερμαίνουμε το φούρνο στους 400° F. Πλένουμε και ξεφλουδίζουμε τα καρότα και τα κόβουμε σε μικρά κομμάτια, τα βάζουμε σε ένα ταψί με λίγο ελαιόλαδο, μια πρέζα αλάτι και μισό κουταλάκι του γλυκού πάπρικα. Ψήνουμε για περίπου 35 λεπτά μέχρι να μαλακώσει το καρότο.

b)   Τα βγάζουμε από το φούρνο και τα αφήνουμε να κρυώσουν. Όσο κρυώνουν, ετοιμάζετε το χούμους: πλένετε και στραγγίζετε καλά τα ρεβίθια και τα βάζετε σε ένα μύλο με τα υπόλοιπα ενεργά συστατικά και ανακατεύετε μέχρι να δείτε ένα μείγμα καλά ενωμένο. Στη συνέχεια, προσθέστε τα καρότα και το σκόρδο και επαναλάβετε τη διαδικασία!

25. Μπάρα φουσκωμένης κινόα

ΣΥΣΤΑΤΙΚΑ:

- 3 κουταλιές της σούπας λάδι καρύδας.
- ½ φλιτζάνι ακατέργαστη σκόνη κακάο.
- ⅓ φλιτζάνι σιρόπι σφενδάμου.
- 1 κουταλιά της σούπας ταχίνι
- 1 κουταλάκι κανέλα.
- 1 κουταλάκι του γλυκού βανίλια σε σκόνη.
- Θαλασσινό αλάτι.

ΟΔΗΓΙΕΣ:

a) Σε ένα μικρό τηγάνι σε μέτρια προς χαμηλή φωτιά, λιώστε το λάδι καρύδας, το ωμό κακάο, το ταχίνι, την κανέλα, τη θάλασσα σφενδάμου, το σιρόπι και το αλάτι βανίλιας μαζί μέχρι να γίνει ένα πιο πηχτό μείγμα σοκολάτας.

b) Βάλτε τη σάλτσα σοκολάτας πάνω από την ψημένη κινόα και ανακατέψτε καλά. Ρίξτε μια μεγάλη κουταλιά της σούπας τραγανές σοκολάτας σε μικρά μπολάκια ψησίματος.

c) Τα βάζουμε στην κατάψυξη για τουλάχιστον 20 λεπτά να σφίξουν. Αποθηκεύστε στην κατάψυξη και απολαύστε!

26. Dip edamame με κέλυφος

ΣΥΣΤΑΤΙΚΑ:

- ½ φλιτζάνι κόκκινο κρεμμύδι σε φέτες.
- Χυμός από 1 λάιμ.
- Θαλασσινό αλάτι.
- Μια χούφτα κόλιαντρο.
- Ντομάτες σε κύβους (προαιρετικά).
- Νιφάδες τσίλι.

ΟΔΗΓΙΕΣ:

a) Απλώς βάλτε το κρεμμύδι σε ένα μπλέντερ για λίγα δευτερόλεπτα. Στη συνέχεια, προσθέστε τα υπόλοιπα ενεργά συστατικά και χτυπήστε μέχρι το edamame να αναμειχθεί σε μεγάλες μερίδες.

b) Απολαύστε το ως άλειμμα σε τοστ, για ένα σάντουιτς, ως ντιπ ή ως σάλτσα πέστο!

27. Κύπελλα κάσιους Matcha

ΣΥΣΤΑΤΙΚΑ:

- ⅔ φλιτζάνι βούτυρο κακάο
- 3/4 φλιτζανιού κακάο σε σκόνη
- ⅓ φλιτζάνι σιρόπι σφενδάμου
- ½ φλιτζάνι βούτυρο κάσιους
- 2 κουταλάκια του γλυκού σκόνη matcha
- Θαλασσινό αλάτι

ΟΔΗΓΙΕΣ:

a)   Γεμίστε ένα μικρό τηγάνι με ⅓ φλιτζάνι νερό και τοποθετήστε ένα μπολ από πάνω, σκεπάζοντας το τηγάνι. Μόλις ζεσταθεί το μπολ, λιώστε το βούτυρο κακάο μέσα στο μπολ. Μόλις λιώσει, αποσύρουμε από τη φωτιά και ανακατεύουμε το σιρόπι σφενδάμου και τη σκόνη κακάο για μερικά λεπτά μέχρι να πήξει η σοκολάτα.

b)   Χρησιμοποιώντας μια μεσαίου μεγέθους θήκη για cupcakes, γεμίστε το κάτω στρώμα με μια γενναιόδωρη κουταλιά της σούπας από το μείγμα σοκολάτας.

c)   Παγώνουμε για 15 λεπτά για να δέσει.

d)   Βγάλτε την παγωμένη σοκολάτα από την κατάψυξη και βάλτε 1 κουταλιά της σούπας ζύμη με βούτυρο matcha/κάσιους πάνω από την παγωμένη στρώση σοκολάτας.

e)   Πασπαλίζουμε με θαλασσινό αλάτι και το αφήνουμε στην κατάψυξη για 15 λεπτά.

28.   Φέτες σοκολάτας ρεβιθιού

ΣΥΣΤΑΤΙΚΑ:

- 400 γρ ρεβίθια κονσέρβα, ξεπλυμένα, στραγγισμένα
- 250 γρ βούτυρο αμυγδάλου
- 70 ml σιρόπι σφενδάμου
- 15 ml πάστα βανίλιας
- 1 πρέζα αλάτι
- 2 γρ μπέικιν πάουντερ
- 2 γρ μαγειρική σόδα
- 40 γρ κομματάκια σοκολάτας

ΟΔΗΓΙΕΣ:

a) Προθερμάνετε το φούρνο στους 180° C/350° F.

b) Αλείφουμε το μεγάλο ταψί με λάδι καρύδας.

c) Συνδυάστε τα ρεβίθια, το βούτυρο αμυγδάλου, το σιρόπι σφενδάμου, τη βανίλια, το αλάτι, το μπέικιν πάουντερ και τη μαγειρική σόδα σε ένα μπλέντερ τροφίμων.

d) Ανακατεύουμε μέχρι να ομογενοποιηθούν. Ανακατέψτε τα μισά κομμάτια σοκολάτας απλώστε το κουρκούτι στο έτοιμο ταψί.

e) Πασπαλίζουμε με κρατημένα κομμάτια σοκολάτας.

f) Ψήστε για 45-50 λεπτά ή μέχρι να βγει καθαρή μια οδοντογλυφίδα που έχετε τοποθετήσει.

g) Ψύξτε σε μια σχάρα για 20 λεπτά. Κόβουμε και σερβίρουμε.

29. Γλυκά πράσινα μπισκότα

ΣΥΣΤΑΤΙΚΑ:

- 165 γραμμάρια αρακά.
- 80 γρ χουρμάδες medjool ψιλοκομμένους.
- 60 g μεταξωτό τόφου, πολτοποιημένο.
- 100 γρ αλεύρι αμυγδάλου.
- 1 κουταλάκι του γλυκού μπέικιν πάουντερ.
- 12 αμύγδαλα.

ΟΔΗΓΙΕΣ:

a) Προθερμάνετε το φούρνο στους 180° C/350° F.

b) Συνδυάστε τον αρακά και τους χουρμάδες σε έναν επεξεργαστή τροφίμων.

c) Επεξεργάζεστε μέχρι να σχηματιστεί η παχύρρευστη πάστα.

d) Μεταφέρετε το μείγμα του αρακά σε ένα μπολ. Ανακατεύουμε το τόφου, το αλεύρι αμυγδάλου και το μπέικιν πάουντερ. Πλάθετε το μείγμα σε 12 μπάλες.

e) Τοποθετήστε τις μπάλες σε ταψί, στρωμένο με λαδόκολλα. Ισιώνουμε κάθε μπάλα με λαδωμένη παλάμη.

f) Βάλτε ένα αμύγδαλο σε κάθε μπισκότο. Ψήστε τα μπισκότα για 25-30 λεπτά ή μέχρι να ροδίσουν απαλά.

g) Ψύξτε σε σχάρα πριν το σερβίρετε.

30. <u>Ντόνατς πρωτεΐνης</u>

ΣΥΣΤΑΤΙΚΑ:

- 85 γρ αλεύρι καρύδας.
- 110 g σκόνη πρωτεΐνης από βλαστημένο καστανό ρύζι με γεύση βανίλια.
- 25 γρ αλεύρι αμυγδάλου.
- 50 γρ ζάχαρη σφενδάμου.
- 30 ml λιωμένο λάδι καρύδας.
- 8 γρ μπέικιν πάουντερ.
- 115 ml γάλα σόγιας.
- ½ κουταλάκι του γλυκού μηλόξυδο.
- ½ κουταλάκι του γλυκού πάστα βανίλιας.
- ½ κουταλάκι του γλυκού κανέλα.
- 30 ml βιολογική σάλτσα μήλου.
- 30 γρ ζάχαρη καρύδας άχνη.
- 10 γρ κανέλα.

ΟΔΗΓΙΕΣ:

Σε ένα μπολ ανακατεύουμε όλα τα ξηρά υλικά.

a) Σε ένα ξεχωριστό μπολ, χτυπήστε ελαφρά το γάλα με τη σάλτσα μήλου, το λάδι καρύδας και το ξύδι μηλίτη. Διπλώνουμε τα υγρά υλικά σε στεγνά και ανακατεύουμε μέχρι να αναμειχθούν καλά.

b) Ζεσταίνουμε το φούρνο στους 180° C/350° F και λαδώνουμε ταψί για ντόνατς με 10 οπές.

c) Ρίχνετε με κουτάλι το έτοιμο κουρκούτι σε ένα λαδωμένο ταψί για ντόνατς.

d) Ψήστε τα ντόνατς για 15-20 λεπτά.

e) Όσο τα ντόνατς είναι ακόμα ζεστά, πασπαλίζουμε με ζάχαρη καρύδας και κανέλα. Σερβίρετε ζεστό.

31. Τόφου μέλι-σουσάμι

ΣΥΣΤΑΤΙΚΑ:

- 12 ουγγιές εξαιρετικά σφιχτό τόφου, στραγγισμένο και στεγνό.
- Λάδι ή σπρέι μαγειρικής.
- 2 κουταλιές της σούπας σάλτσα σόγιας με μειωμένο νάτριο ή ταμάρι.
- 3 σκελίδες σκόρδο, ψιλοκομμένες.
- 1 κουταλιά της σούπας μέλι.
- 1 κουταλιά της σούπας τριμμένο ξεφλουδισμένο φρέσκο τζίντζερ.
- 1 κουταλάκι του γλυκού καβουρδισμένο σησαμέλαιο.
- 1 κιλό πράσινα φασόλια, κομμένα.
- 2 κουταλιές της σούπας ελαιόλαδο.
- ¼ κουταλάκι του γλυκού νιφάδες κόκκινης πιπεριάς (προαιρετικά).
- Αλάτι kosher.
- Μαύρο πιπέρι φρεσκοτριμμένο.
- 1 μέτριο κρεμμύδι, πολύ ψιλοκομμένο.
- ¼ κουταλάκι του γλυκού σουσάμι.

ΟΔΗΓΙΕΣ:

a) Αφήστε στην άκρη για 10 με 30 λεπτά. Χτυπήστε τη σάλτσα σόγιας ή το ταμάρι, το σκόρδο, το μέλι, το τζίντζερ και το σησαμέλαιο μαζί σε ένα μεγάλο μπολ. αφήνω στην άκρη.

b) Κόψτε το τόφου σε τρίγωνα και τοποθετήστε το σε μια στρώση στο μισό του προετοιμασμένου φύλλου ψησίματος. Περιχύστε με το μείγμα της σάλτσας σόγιας. Ψήνουμε μέχρι να ροδίσουν στο κάτω μέρος, 12 με 13 λεπτά.

c) Γυρίστε το τόφου. Τοποθετήστε τα πράσινα φασόλια σε μία στρώση στο άλλο μισό του ταψιού. Περιχύστε με το ελαιόλαδο και ψεκάστε με τις νιφάδες κόκκινης πιπεριάς. αλατοπιπερώνουμε.

d) Επιστρέψτε στο φούρνο και ψήστε μέχρι το τόφου να ροδίσει από τη 2η πλευρά, 10 με 12 λεπτά ακόμα. Πασπαλίζουμε με το κρεμμύδι και το σουσάμι και σερβίρουμε αμέσως.

32. Μπάρες βόμβας με λίπος πεκάν σφενδάμου

Κάνει 12

ΣΥΣΤΑΤΙΚΑ:

- 2 φλιτζάνια μισά πεκάν
- 1 φλιτζάνι Αλεύρι αμυγδάλου
- ½ φλιτζάνι Γεύμα με χρυσό λιναρόσπορο
- ½ φλιτζάνι καρύδα χωρίς ζάχαρη τριμμένη
- ½ φλιτζάνι λάδι καρύδας
- ¼ φλιτζάνι σιρόπι σφενδάμου
- ¼ κουταλάκι του γλυκού Υγρή Στέβια

ΟΔΗΓΙΕΣ:

a) Προθερμαίνουμε το φούρνο στους 350°F και ψήνουμε τα μισά πελεκάνους για 5 λεπτά.

b) Βγάζετε τα πεκάν από το φούρνο και τα τοποθετείτε σε μια πλαστική σακούλα. Τα θρυμματίζουμε με έναν πλάστη για να γίνουν χοντρά κομμάτια.

Σε ένα μπολ ανάμειξης, συνδυάστε τα ξηρά συστατικά αλεύρι αμυγδάλου, χρυσό λιναρόσπορο και ψιλοκομμένη καρύδα και τα θρυμματισμένα πεκάν.

Προσθέστε το σιρόπι σφενδάμου με λάδι καρύδας και τη υγρή στέβια. Ανακατεύουμε όλα τα υλικά σε ένα μεγάλο μπολ μέχρι να σχηματιστεί μια εύθρυπτη ζύμη.

c) Τοποθετούμε τη ζύμη σε μια κατσαρόλα και την πιέζουμε προς τα κάτω.

d) Ψήνουμε για 15 λεπτά στους 350 F ή μέχρι να ροδίσουν απαλά οι πλευρές.

e) Με μια σπάτουλα κόβουμε σε 12 φέτες και σερβίρουμε.

33. Ορεκτικά κουνουπιδιού

Κάνει 8

ΣΥΣΤΑΤΙΚΑ:

- 14 ουγγιές λουλουδάκια κουνουπιδιού, ψιλοκομμένα
- 3 μέτρια κοτσανάκια φρέσκο κρεμμυδάκι
- 3 ουγγιές Τριμμένο λευκό τσένταρ
- ½ φλιτζάνι αλεύρι αμυγδάλου
- ½ κουταλάκι του γλυκού Αλάτι
- 3/4 κουταλάκι του γλυκού πιπέρι
- ½ κουταλάκι του γλυκού Νιφάδες κόκκινου πιπεριού
- ½ κουταλάκι του γλυκού εστραγκόν, αποξηραμένο
- ¼ κουταλάκι του γλυκού σκόνη σκόρδου
- 3 κουταλιές της σούπας ελαιόλαδο
- 2 κουταλάκια του γλυκού σπόροι Chia

ΟΔΗΓΙΕΣ:

a)   Προθερμαίνουμε το φούρνο στους 400 βαθμούς Φαρενάιτ.

b)   Σε μια πλαστική σακούλα, συνδυάστε μπουκίτσες κουνουπιδιού, ελαιόλαδο, αλάτι και πιπέρι. Ανακινήστε δυνατά μέχρι να καλυφθεί ομοιόμορφα το κουνουπίδι.

c)   Ρίξτε μπουκίτσες κουνουπιδιού σε ένα ταψί στρωμένο με αλουμινόχαρτο. Ψήνετε για 5 λεπτά μετά.

d)   Προσθέστε το ψητό κουνουπίδι σε έναν επεξεργαστή τροφίμων και χτυπήστε το μερικές φορές για να σπάσει.
Σε ένα μπολ ανακατεύουμε όλα τα υλικά (αλεύρι αμυγδάλου) μέχρι να σχηματιστεί ένα κολλώδες μείγμα.

e)   Φτιάχνουμε μπουρεκάκια από το μείγμα του κουνουπιδιού και τα αλείφουμε με αλεύρι αμυγδάλου.

f)   Ψήνουμε στους 400°F για 15 λεπτά ή μέχρι το εξωτερικό να είναι πιο τραγανό.

g)   Βγάζουμε από το φούρνο, αφήνουμε στην άκρη να κρυώσει λίγο πριν σερβίρουμε!

34.   Κύπελλα πίτσας Seitan

Κάνει 2

ΣΥΣΤΑΤΙΚΑ:
- 1 ουγγιά πλήρες τυρί κρέμα
- 1 ½ φλιτζάνι τυρί μοτσαρέλα πλήρες γάλα
- 1 μεγάλο αυγό, χτυπημένο
- 1 φλιτζάνι αλεύρι αμυγδάλου
- 2 κουταλιές της σούπας αλεύρι καρύδας
- ⅓ φλιτζάνι σάλτσα πίτσας
- ⅓ φλιτζάνι τριμμένο τυρί τσένταρ
- ½ πακέτο σεϊτάν ή περίπου 4 ουγγιές, σε κύβους

ΟΔΗΓΙΕΣ:
a)   Προθερμάνετε το φούρνο στους 400°F.

b)   Συνδυάστε το τυρί κρέμα και τη μοτσαρέλα σε ένα μεγάλο μπολ κατάλληλο για φούρνο μικροκυμάτων και ψήστε τα μικροκύματα για 1 λεπτό, ανακατεύοντας πολλές φορές.

c)   Προσθέστε το χτυπημένο αυγό και τα δύο αλεύρια και ανακατέψτε γρήγορα μέχρι να σχηματιστεί μια μπάλα. Ζυμώνουμε με το χέρι μέχρι να κολλήσει ελαφρά.

d)   Χωρίζουμε τη ζύμη σε 8 κομμάτια. Βάλτε ένα κομμάτι ανάμεσα σε δύο φύλλα λαδωμένο λαδόκολλα και ανοίξτε το με έναν πλάστη.

e)   Πιέστε κάθε κομμάτι ζύμης σε λαδωμένα φορμάκια για μάφινς για να σχηματίσετε μικρές κούπες ζύμης.

f)   Ψήνουμε για 15 λεπτά ή μέχρι να ροδίσουν.

g)   Βγάζουμε από το φούρνο και πασπαλίζουμε το καθένα με σάλτσα πίτσας, τσένταρ και σεϊτάν. Επιστρέψτε στο φούρνο για πέντε λεπτά μέχρι να λιώσει το τυρί.

h)   Βγάζουμε από τα φορμάκια για μάφιν και σερβίρουμε.

35. Ψητό Seitan και Kabobs λαχανικών

Κάνει 4 μερίδες

ΣΥΣΤΑΤΙΚΑ:

- ⅓ φλιτζάνι βαλσάμικο ξύδι
- 2 κουταλιές της σούπας ελαιόλαδο
- 1 κουταλιά της σούπας φρέσκια ρίγανη
- 2 σκελίδες σκόρδο, ψιλοκομμένες
- ½ κουταλάκι του γλυκού αλάτι
- ¼ κουταλάκι του γλυκού φρεσκοτριμμένο μαύρο πιπέρι
- Σεϊτάν 1 κιλού, κομμένο σε κύβους 1 ίντσας
- Λευκά μανιτάρια 7 ουγκιών
- 2 μικρά κολοκυθάκια, κομμένα σε κομμάτια 1 ίντσας
- 1 μέτρια κίτρινη πιπεριά, κομμένη σε τετράγωνα
- Ώριμα ντοματίνια

ΟΔΗΓΙΕΣ:

a) Ετοιμάστε τη σχάρα.

b) Σε ένα μέτριο μπολ ανακατεύουμε το ξύδι, το λάδι, τη ρίγανη, το θυμάρι, το σκόρδο, το αλάτι και το μαύρο πιπέρι. Γυρίστε για να καλύψετε το σεϊτάν, τα μανιτάρια, τα κολοκυθάκια, την πιπεριά και τις ντομάτες.

c) Μαρινάρετε για 30 λεπτά σε θερμοκρασία δωματίου, γυρίζοντας κατά διαστήματα.

d) Στραγγίζουμε και αφήνουμε στην άκρη το σεϊτάν και τα λαχανικά, καθώς και τη μαρινάδα.

e) Συναρμολογήστε τα σουβλάκια με το σεϊτάν, τα μανιτάρια και τις ντομάτες.

f) Τοποθετήστε τα σουβλάκια σε μια ζεστή σχάρα και μαγειρέψτε για περίπου 10 λεπτά, αναποδογυρίζοντας μια φορά στη μέση του ψησίματος.

g) Περιχύστε μια μικρή ποσότητα από την κρατημένη μαρινάδα από πάνω και σερβίρετε αμέσως.

36. Μπουκιές μάφιν κινόα

Κάνει 4

ΣΥΣΤΑΤΙΚΑ:

- 1 ½ φλιτζάνι έτοιμη κινόα
- 2 αυγά, χτυπημένα
- ½ φλιτζάνι πουρέ γλυκοπατάτας
- ½ φλιτζάνι μαύρα φασόλια
- 1 κουταλιά της σούπας κόλιανδρο ψιλοκομμένο
- 1 κουταλάκι του γλυκού κύμινο
- 1 κουταλάκι του γλυκού πάπρικα
- ½ κουταλάκι του γλυκού σκόνη σκόρδου
- ½ κουταλάκι του γλυκού αλάτι
- ⅛ κουταλάκια του γλυκού μαύρο πιπέρι
- Σπρέι μαγειρικής

ΟΔΗΓΙΕΣ:

a)   Προθερμαίνουμε το φούρνο στους 350 βαθμούς Φαρενάιτ. Σε ένα μεγάλο μπολ ανακατεύουμε όλα τα υλικά και ανακατεύουμε μέχρι να ομογενοποιηθούν.

b)   Χρησιμοποιώντας μια κουταλιά της σούπας, βάλτε το μείγμα στις φόρμες για μάφιν και χτυπήστε τα πάνω από το καθένα.

c)   Ψήνετε για 15-20 λεπτά ή μέχρι να ψηθεί και να σφίξει.

37.   Δαγκώματα PB και J Energy

Κάνει 13-14 μπάλες

ΣΥΣΤΑΤΙΚΑ:

- ½ φλιτζάνι βελούδινο αλατισμένο φυστικοβούτυρο
- ¼ φλιτζάνι σιρόπι σφενδάμου
- 2 κουταλιές της σούπας πρωτεΐνη σε σκόνη
- 1 ¼ φλιτζάνι τυλιγμένη βρώμη χωρίς γλουτένη
- 2 ½ κουταλιές της σούπας αλεύρι λιναρόσπορου
- 2 κουταλιές της σούπας σπόροι chia
- ¼ φλιτζάνι αποξηραμένα φρούτα

ΟΔΗΓΙΕΣ:

a)   Συνδυάστε το φυστικοβούτυρο, το σιρόπι σφενδάμου, τη σκόνη πρωτεΐνης, τη βρώμη, το λιναρόσπορο, τους σπόρους chia και τα αποξηραμένα φρούτα της επιλογής σας σε ένα μεγάλο πιάτο ανάμειξης.

b)   Εάν το μείγμα είναι πολύ στεγνό ή εύθρυπτο, προσθέστε επιπλέον φυστικοβούτυρο ή σιρόπι σφενδάμου.

c)   Ψύξτε για 5 λεπτά στο ψυγείο. Παίρνουμε 1 ½ κουταλιά της σούπας και τυλίγουμε σε μπαλάκια Η "ζύμη" πρέπει να κάνει περίπου 13-14 μπάλες.

d)   Απολαύστε τα αμέσως και φυλάξτε τα υπολείμματα σε αεροστεγές δοχείο στο ψυγείο για έως και μια εβδομάδα ή στην κατάψυξη για έως και ένα μήνα.

38. Χούμους ψητό καρότο

Κάνει 2

ΣΥΣΤΑΤΙΚΑ:

- 1 κουτί ρεβίθια, ξεπλυμένο και στραγγισμένο
- 3 καρότα
- 1 σκελίδα σκόρδο
- 1 κουταλάκι του γλυκού πάπρικα
- 1 φορτωμένη κουταλιά της σούπας ταχίνι
- Ο χυμός από 1 λεμόνι
- 2 κουταλιές της σούπας επιπλέον παρθένο ελαιόλαδο
- 6 κουταλιές της σούπας νερό
- ½ κουταλάκι του γλυκού κύμινο σε σκόνη
- Αλάτι για γεύση

ΟΔΗΓΙΕΣ:

a)   Προθερμαίνουμε το φούρνο στους 400 βαθμούς Φαρενάιτ.

b)   Πλένουμε και καθαρίζουμε τα καρότα, τα κόβουμε σε μικρά κομμάτια και τα τοποθετούμε σε ένα ταψί με ελαιόλαδο, λίγο αλάτι και μισό κουταλάκι του γλυκού πάπρικα.

c)   Ψήστε για 35 λεπτά ή μέχρι να μαλακώσουν τα καρότα.

d)   Τα βγάζουμε από το φούρνο και τα αφήνουμε στην άκρη να κρυώσουν.

e)   Ετοιμάζετε το χούμους όσο κρυώνουν: πλένετε και στραγγίζετε καλά τα ρεβίθια πριν τα βάλετε σε ένα μύλο τροφίμων με τα υπόλοιπα ενεργά συστατικά. Επεξεργαστείτε μέχρι να έχετε ένα καλά ενωμένο μείγμα.

f)   Μετά από αυτό, προσθέστε τα καρότα και το σκόρδο και επαναλάβετε τη διαδικασία!

39. <u>Κύπελλα κάσιους Matcha</u>

Κάνει 6

ΣΥΣΤΑΤΙΚΑ:

- ⅔ φλιτζάνι βούτυρο κακάο, λιωμένο
- 3/4 φλιτζανιού κακάο σε σκόνη
- ⅓ φλιτζάνι σιρόπι σφενδάμου
- ½ φλιτζάνι βούτυρο κάσιους
- 2 κουταλάκια του γλυκού σκόνη matcha
- Θαλασσινό αλάτι

ΟΔΗΓΙΕΣ:

a) Σε ένα μπολ, λιώστε το βούτυρο κακάο και ανακατέψτε το σιρόπι σφενδάμου και τη σκόνη κακάο.

b) Σε μια μεσαίου μεγέθους θήκη για cupcakes, ρίξτε μια καλή κουταλιά της σούπας από το μείγμα σοκολάτας στο κάτω στρώμα.

c) Τοποθετήστε τις θήκες για cupcakes στην κατάψυξη για 15 λεπτά να στερεοποιηθούν.

d) Βγάζουμε την παγωμένη στρώση σοκολάτας από την κατάψυξη και ρίχνουμε από πάνω 1 κουταλιά από τη ζύμη matcha/βούτυρο κάσιους.

e) Μόλις ολοκληρωθεί, ρίξτε την υπόλοιπη λιωμένη σοκολάτα πάνω από κάθε κούκλα, καλύπτοντας τα πάντα.

f) Πασπαλίζουμε με το θαλασσινό αλάτι.

g) Τοποθετούμε στην κατάψυξη για 15 λεπτά.

40. Τόφου μέλι-σουσάμι

Κάνει 12

ΣΥΣΤΑΤΙΚΑ:

- 12 ουγγιές σφιχτό τόφου, στραγγισμένο και στεγνό
- Λάδι ή σπρέι μαγειρικής
- 2 κουταλιές της σούπας σάλτσα σόγιας με μειωμένο νάτριο
- 3 σκελίδες σκόρδο, ψιλοκομμένες
- 1 κουταλιά της σούπας μέλι
- 1 κουταλιά της σούπας τριμμένο ξεφλουδισμένο φρέσκο τζίντζερ
- 1 κουταλάκι του γλυκού καβουρδισμένο σησαμέλαιο
- 1 κιλό πράσινα φασόλια, κομμένα
- 2 κουταλιές της σούπας ελαιόλαδο
- ¼ κουταλάκι του γλυκού νιφάδες κόκκινης πιπεριάς (προαιρετικά)
- Αλάτι kosher
- Μαύρο πιπέρι φρεσκοτριμμένο
- 1 μέτριο κρεμμύδι, πολύ ψιλοκομμένο
- ¼ κουταλάκι του γλυκού σουσάμι

ΟΔΗΓΙΕΣ:

a)   Σε ένα μεγάλο μπολ ανάμειξης, συνδυάστε τη σάλτσα σόγιας, το σκόρδο, το μέλι, το τζίντζερ και το σησαμέλαιο. άσε στην άκρη.

b)   Κόβουμε το τόφου σε τρίγωνα και τα τοποθετούμε σε μία στρώση στη μία πλευρά του ταψιού που έχουμε ετοιμάσει.

c)   Περιχύστε το μείγμα της σάλτσας σόγιας από πάνω.

d)   Ψήστε για 12 έως 13 λεπτά, ή μέχρι να ροδίσει στον πάτο.

e)   Μετακινήστε το τόφου.

f)   Στο άλλο μισό του ταψιού απλώνουμε τα πράσινα φασόλια σε μία στρώση. Αλατοπιπερώνουμε αφού περιχύνουμε με ελαιόλαδο και ψεκάζουμε με νιφάδες κόκκινης πιπεριάς.

g)   Επιστρέψτε στο φούρνο και ψήστε για άλλα 10 με 12 λεπτά ή μέχρι το τόφου να ροδίσει από τη δεύτερη πλευρά.

h)   Σερβίρετε αμέσως με πασπαλίζοντας κρεμμύδι και σουσάμι.

ΚΥΡΙΟ ΠΙΑΤΟ

41. <u>**Κατσαρόλα μπιφτέκι Shiitake and Cheese**</u>

Κάνει 6 Μερίδες

ΣΥΣΤΑΤΙΚΑ:

- 1 λίβρα Σεϊτάν εδάφους
- 4 ουγγιές μανιτάρια Shiitake, κομμένα σε φέτες
- ½ φλιτζάνι αλεύρι αμυγδάλου
- 3 φλιτζάνια κουνουπίδι ψιλοκομμένο
- 1 κουταλιά της σούπας σπόροι Chia
- ½ κουταλάκι του γλυκού σκόνη σκόρδου
- ½ κουταλάκι του γλυκού Κρεμμύδι σε σκόνη
- 2 κουταλιές της σούπας μειωμένη ζάχαρη
- Κέτσαπ
- 1 κουταλιά της σούπας μουστάρδα Dijon
- 2 κουταλιές της σούπας μαγιονέζα
- 4 ουγγιές τυρί Cheddar
- Αλάτι και πιπέρι για να γευτείς

ΟΔΗΓΙΕΣ:

a)   Προθερμαίνουμε το φούρνο στους 350 βαθμούς Φαρενάιτ.
Σε ένα μεγάλο μπολ ανακατεύουμε όλα τα υλικά και το μισό τυρί τσένταρ.

b)   Αδειάζουμε το μείγμα σε ταψί 9x9 στρωμένο με λαδόκολλα.
Στη συνέχεια πασπαλίζουμε από πάνω το υπόλοιπο μισό τυρί τσένταρ.

c)   Ψήνουμε για 20 λεπτά στην επάνω σχάρα.

d)   Σερβίρετε με πρόσθετες επικαλύψεις αφού το κόψετε.

42. Ψητή κατσαρόλα Jambalaya

Κάνει 4 μερίδες

ΣΥΣΤΑΤΙΚΑ:
- 10 ουγγιές τέμπε
- 2 κουταλιές της σούπας ελαιόλαδο
- 1 μέτριο κίτρινο κρεμμύδι, ψιλοκομμένο
- 1 μέτρια πράσινη πιπεριά, ψιλοκομμένη
- 2 σκελίδες σκόρδο, ψιλοκομμένες
- 1 (28 ουγγιές) κονσέρβα ντομάτες κομμένες σε κύβους, χωρίς στράγγιση
- ½ φλιτζάνι λευκό ρύζι
- 1 ½ φλιτζάνι ζωμό λαχανικών
- 1 ½ φλιτζάνι μαγειρεμένα ή 1 (15,5 ουγκιά) κουτί φασόλια σκούρα κόκκινα, στραγγισμένα και ξεπλυμένα
- 1 κουταλιά της σούπας φρέσκο μαϊντανό ψιλοκομμένο
- 1 ½ κουταλάκι του γλυκού καρύκευμα Cajun
- 1 κουταλάκι του γλυκού αποξηραμένο θυμάρι
- ½ κουταλάκι του γλυκού αλάτι
- ¼ κουταλάκι του γλυκού φρεσκοτριμμένο μαύρο πιπέρι

ΟΔΗΓΙΕΣ:

a) Προθερμαίνουμε το φούρνο στους 350 βαθμούς Φαρενάιτ.

b) Βράζουμε το τέμπε για 30 λεπτά σε μέτρια κατσαρόλα με βραστό νερό. Στραγγίστε το νερό και στεγνώστε το. Κόβουμε σε κύβους μισής ίντσας.

c) Ζεσταίνουμε 1 κουταλιά της σούπας λάδι σε ένα μεγάλο τηγάνι σε μέτρια φωτιά. Μαγειρέψτε το τέμπε για 8 λεπτά ή μέχρι να ροδίσει το τέμπε και από τις δύο πλευρές. Τοποθετήστε το tempeh σε ένα ταψί 9 x 13 ιντσών για να κρυώσει.

d) Ζεσταίνουμε την υπόλοιπη 1 κουταλιά της σούπας λάδι στο ίδιο τηγάνι σε μέτρια φωτιά. Σε ένα μπολ ανακατεύουμε το κρεμμύδι, την πιπεριά και το σκόρδο. Μαγειρέψτε, σκεπασμένο, για περίπου 7 λεπτά ή μέχρι να μαλακώσουν τα λαχανικά.

e) Ρίχνουμε το μείγμα λαχανικών με το τέμπε στο ταψί.

f) Προσθέστε τις ντομάτες, το υγρό, το ρύζι, το ζωμό, τα φασόλια, τον μαϊντανό, το καρύκευμα Cajun, το θυμάρι, αλάτι και μαύρο πιπέρι. Ανακατεύουμε καλά, στη συνέχεια σκεπάζουμε καλά και ψήνουμε για 1 ώρα ή μέχρι να μαλακώσει το ρύζι. Σερβίρετε αμέσως.

43. Ζυμαρικά γεμιστά με μελιτζάνες και Tempeh

Κάνει 4 μερίδες

ΣΥΣΤΑΤΙΚΑ:

- 8 ουγγιές τέμπε
- 1 μέτρια μελιτζάνα
- 12 μεγάλα κοχύλια ζυμαρικών
- 1 σκελίδα σκόρδο, πολτοποιημένη
- ¼ τσαγιού αλεσμένο καγιέν
- Αλάτι και φρεσκοτριμμένο μαύρο πιπέρι
- Ξηρά ψίχουλα ψωμιού χωρίς καρυκεύματα
- 3 φλιτζάνια σάλτσα μαρινάρα

ΟΔΗΓΙΕΣ:

a)   Προθερμαίνουμε το φούρνο στους 450 βαθμούς Φαρενάιτ.

b)   Βράζουμε το τέμπε για 30 λεπτά σε μέτρια κατσαρόλα με βραστό νερό. Στραγγίζουμε το νερό και το αφήνουμε στην άκρη να κρυώσει.

c)   Τρυπήστε τη μελιτζάνα με ένα πιρούνι και ψήστε μέχρι να μαλακώσει, περίπου 45 λεπτά σε ένα ελαφρώς λαδωμένο ταψί.

d)   Βράζετε τα κελύφη των ζυμαρικών σε μια κατσαρόλα με αλατισμένο νερό που βράζει μέχρι να γίνουν al dente, περίπου 7 λεπτά, όσο ψήνεται η μελιτζάνα. Στραγγίστε το νερό και ξεπλύνετε με κρύο νερό.

e)   Βγάζετε τη μελιτζάνα από το φούρνο, την κόβετε στη μέση κατά μήκος και στραγγίζετε τυχόν υγρά.

f)   Μειώστε τη θερμοκρασία του φούρνου στους 350 βαθμούς Φαρενάιτ.

g)   Επεξεργαστείτε το σκόρδο σε έναν επεξεργαστή τροφίμων μέχρι να λιώσει καλά. Χτυπάμε το tempeh μέχρι να χοντροαλεσθεί.

h)   Ξύστε τον πολτό της μελιτζάνας από το κέλυφός του και συνδυάστε τον με το τέμπε και το σκόρδο σε έναν επεξεργαστή τροφίμων. Ρίχνουμε το καγιέν, αλατοπιπερώνουμε κατά βούληση και ανακατεύουμε. Προσθέστε λίγη ψίχα ψωμιού αν η γέμιση είναι πολύ χαλαρή.

i)   Στο έτοιμο ταψί απλώνουμε στον πάτο μια στρώση σάλτσας ντομάτας. Γεμίζουμε τα κοχύλια με τη γέμιση μέχρι να γεμίσουν τελείως.

j)   Ρίξτε την υπόλοιπη σάλτσα πάνω και γύρω από τα κοχύλια και μετά τακτοποιήστε τα πάνω από τη σάλτσα.

k)   Σκεπάζουμε με αλουμινόχαρτο και ψήνουμε για 30 λεπτά.

l)   Ξεσκεπάζουμε, πασπαλίζουμε με παρμεζάνα και ψήνουμε για άλλα 10 λεπτά. Σερβίρετε αμέσως.

44. <u>Φασολάδα με σάλτσα φασολιών και χυλοπίτες</u>

Κάνει 4

ΣΥΣΤΑΤΙΚΑ:

- 8 ουγγιές φρέσκα νουντλς τύπου Πεκίνου
- 1 σφικτό τόφου 12 ουγγιών
- 3 μεγάλα κοτσάνια bok choy ΚΑΙ 2 φρέσκα κρεμμυδάκια
- ⅓φλιτζάνι μαύρη σάλτσα σόγιας
- 2 κουταλιές της σούπας σάλτσα μαύρου φασολιού
- 2 κουταλάκια του γλυκού κρασί από κινέζικο ρύζι ή ξηρό σέρι
- 2 κουταλάκια του γλυκού ξύδι μαύρου ρυζιού
- ¼ κουταλάκι του γλυκού αλάτι
- ¼ κουταλάκι του γλυκού πάστα τσίλι με σκόρδο
- 1 κουταλάκι του γλυκού Ζεστό λάδι τσίλι
- ¼ κουταλάκι του γλυκού σησαμέλαιο
- ½ φλιτζάνι νερό
- 2 κουταλιές της σούπας λάδι για το τηγάνισμα
- 2 φέτες τζίντζερ, ψιλοκομμένο
- 2 σκελίδες σκόρδο, ψιλοκομμένες
- ¼ κόκκινο κρεμμύδι, ψιλοκομμένο

ΟΔΗΓΙΕΣ:

a)   Φέρτε τα noodles να βράσουν και μαγειρέψτε μέχρι να μαλακώσουν. Στραγγίστε τελείως το νερό. Κόβουμε το τόφου σε κύβους.

b)   Βράζετε το bok choy βυθίζοντάς το σε βραστό νερό για λίγα δευτερόλεπτα και στη συνέχεια στραγγίζοντάς το εντελώς.

c)   Συνδυάστε τη μαύρη σάλτσα σόγιας, τη σάλτσα μαύρου φασολιού, το κρασί ρυζιού Konjac, το ξύδι από μαύρο ρύζι, το αλάτι, την πάστα τσίλι με το σκόρδο, το ζεστό λάδι τσίλι, το σησαμέλαιο και το νερό σε ένα μεγάλο μπολ ανάμειξης.

d)   Ζεσταίνουμε το λάδι σε ένα γουόκ ή τηγάνι που έχει προθερμανθεί. Προσθέστε το τζίντζερ, το σκόρδο και τα πράσινα κρεμμυδάκια στο ζεστό λάδι. Τηγανίζουμε για λίγα λεπτά, μέχρι να μυρίσουν. Προσθέτουμε το κόκκινο κρεμμύδι και τσιγαρίζουμε για λίγο. Σπρώξτε μέχρι τα πλάγια και προσθέστε τα κοτσάνια bok choy.

e)   Ανακατέψτε τα φύλλα μέχρι το bok choy να γίνει λαμπερό πράσινο και το κρεμμύδι να είναι μαλακό.

f)   Βάζουμε τη σάλτσα να πάρει μια βράση στη μέση του τηγανιού. Ρίξτε μέσα το τόφου. Αφήστε το τόφου να απορροφήσει τη σάλτσα σιγοβράζοντας για λίγα λεπτά. Ρίξτε μέσα τα noodles.

g)   Συνδυάστε τα πάντα και σερβίρετε αμέσως.

45. Cajun-Style Tofu

Κάνει 4 μερίδες

ΣΥΣΤΑΤΙΚΑ:

- 1 κιλό εξαιρετικά σφιχτό τόφου, στραγγισμένο και στεγνό
- Αλας
- 1 κουταλιά της σούπας συν 1 κουταλάκι του γλυκού καρύκευμα Cajun
- 2 κουταλιές της σούπας ελαιόλαδο
- ¼φλιτζάνι ψιλοκομμένη πράσινη πιπεριά
- 1 κουταλιά της σούπας σέλινο ψιλοκομμένο
- 2 κουταλιές της σούπας ψιλοκομμένο φρέσκο κρεμμύδι
- 2 σκελίδες σκόρδο, ψιλοκομμένες
- 1 (14,5 ουγκιές) κονσέρβα ντομάτες σε κύβους, στραγγισμένες
- 1 κουταλιά της σούπας σάλτσα σόγιας
- 1 κουταλιά της σούπας φρέσκο μαϊντανό ψιλοκομμένο

ΟΔΗΓΙΕΣ:

a)   Κόψτε το τόφου σε φέτες πάχους ½ ίντσας και αλατοπιπερώστε με 1 κουταλιά της σούπας καρύκευμα Cajun σε κάθε πλευρά.

b)   Ζεσταίνουμε 1 κουταλιά της σούπας λάδι σε μια μικρή κατσαρόλα σε μέτρια φωτιά. Προσθέστε το σέλινο και την πιπεριά.

c)   Μαγειρέψτε για 5 λεπτά.

d)   Προσθέστε τις ντομάτες, τη σάλτσα σόγιας, τον μαϊντανό και το υπόλοιπο 1 κουταλάκι του γλυκού μείγμα μπαχαρικών Cajun, καθώς και αλάτι και πιπέρι για γεύση. Αφήνουμε στην άκρη αφού σιγοβράσει για 10 λεπτά.

e)   Ζεσταίνουμε την υπόλοιπη 1 κουταλιά της σούπας λάδι σε ένα μεγάλο τηγάνι σε μέτρια προς δυνατή φωτιά. Μαγειρέψτε το τόφου για 10 λεπτά ή μέχρι να ροδίσει το τόφου και από τις δύο πλευρές. Μαγειρέψτε για 5 λεπτά αφού προσθέσετε τη σάλτσα.

f)   Σερβίρετε αμέσως

46. Νουντλς κολοκυθιού με παρμεζάνα

Κάνει 2

ΣΥΣΤΑΤΙΚΑ:

- 2 μέτρια κολοκυθάκια
- 2 κουταλιές της σούπας βούτυρο
- 3 μεγάλες σκελίδες σκόρδο, ψιλοκομμένες
- 3/4 φλιτζάνι τυρί παρμεζάνα
- ¼ κουταλάκι του γλυκού νιφάδες κόκκινου τσίλι

ΟΔΗΓΙΕΣ:

a) Κόψτε τα κολοκυθάκια σε σπείρες ή νουντλς χρησιμοποιώντας το σπιραλιζέ λαχανικών ή τον αποφλοιωτή julienne. Αφήνουμε στην άκρη τα noodles.

b) Ζεσταίνουμε μεγάλο τηγάνι σε μέτρια προς δυνατή φωτιά. Λιώστε το βούτυρο και μετά προσθέστε το σκόρδο. Μαγειρέψτε το σκόρδο μέχρι να μυρίσει και να γίνει διάφανο, περίπου 30 δευτερόλεπτα.

c) Προσθέστε τα νουντλς κολοκυθιού και μαγειρέψτε μέχρι να μαλακώσουν, περίπου 3-5 λεπτά.

d) Αποσύρουμε την κατσαρόλα από τη φωτιά, προσθέτουμε την παρμεζάνα και αλατοπιπερώνουμε γενναιόδωρα για γεύση.

e) Προσθέστε νιφάδες τσίλι και σερβίρετε ζεστές.

47. Μπολ με ρεβίθια κινόα Βούδα

Κάνει 2

ΣΥΣΤΑΤΙΚΑ:

ΡΕΒΥΘΙΑ:

- 1 φλιτζάνι ρεβίθια ξερά.
- ½ κουταλάκι του γλυκού θαλασσινό αλάτι.

ΚΙΝΟΑ:

- 1 κουταλιά της σούπας λάδι ελιάς, σταφυλιού ή αβοκάντο (ή καρύδας).
- 1 φλιτζάνι λευκή κινόα (καλά ξεπλυμένη).
- 1 3/4 φλιτζάνι νερό.
- 1 υγιεινή πρέζα θαλασσινό αλάτι.

ΛΑΧΑΝΟ:

- 1 μεγάλη συσκευασία κατσαρό λάχανο

ΣΑΛΤΣΑ ΤΑΧΙΝΙ:

- ½ φλιτζάνι ταχίνι.
- ¼ κουταλάκι του γλυκού θαλασσινό αλάτι.
- ¼ κουταλάκι του γλυκού σκόνη σκόρδου.
- ¼ φλιτζάνι νερό.

ΓΙΑ ΣΕΡΒΙΡΙΣΜΑ:

- Φρέσκος χυμός λεμονιού.

ΟΔΗΓΙΕΣ:

a)   Είτε μουλιάστε τα ρεβίθια όλη τη νύχτα σε δροσερό νερό ή χρησιμοποιήστε την προσέγγιση του γρήγορου μουλιάσματος: Προσθέστε τα ξεπλυμένα ρεβίθια σε μια μεγάλη κατσαρόλα και καλύψτε με νερό 2 ίντσες. Στραγγίστε, ξεπλύνετε και επαναφέρετε στην κατσαρόλα.

b)   Για να μαγειρέψετε μουσκεμένα ρεβίθια, προσθέστε τα σε μια μεγάλη κατσαρόλα και καλύψτε με 2 ίντσες νερό. Αφήστε να πάρει μια βράση σε δυνατή φωτιά, στη συνέχεια μειώστε τη φωτιά για να σιγοβράσει, προσθέστε αλάτι και ανακατέψτε και μαγειρέψτε ακάλυπτα για 40 λεπτά - 1 ώρα 20 λεπτά.

c)   Δοκιμάστε ένα φασόλι στα 40 λεπτά για να δείτε πόσο τρυφερό είναι. Μόλις ετοιμαστούν, στραγγίζουμε τα φασόλια και τα αφήνουμε στην άκρη και τα πασπαλίζουμε με λίγο ακόμα αλάτι.

d)   Ετοιμάστε το dressing προσθέτοντας ταχίνι, θαλασσινό αλάτι και σκόνη σκόρδου σε λίγο μπολ και ανακατεύοντας να ενσωματωθούν. Στη συνέχεια προσθέτουμε λίγο λίγο νερό μέχρι να γίνει μια σάλτσα που χύνεται.

e)   Προσθέστε ½ ίντσα νερό σε ένα μέτριο τηγάνι και αφήστε το να σιγοβράσει σε μέτρια φωτιά. Αφαιρέστε αμέσως το λάχανο από τη φωτιά και μεταφέρετε σε ένα μικρό πιάτο για σερβίρισμα.

48. Κολλώδες τόφου με νουντλς

ΣΥΣΤΑΤΙΚΑ:

- ½ μεγάλο αγγούρι.
- 100 ml ξύδι ρυζιού από κόκκινο κρασί.
- 2 κουταλιές της σούπας χρυσαφένια ζάχαρη.
- 100 ml φυτικό λάδι.
- Συσκευασία 200 g tofu εταιρείας, κομμένο σε κύβους 3 εκ.
- 2 κουταλιές της σούπας σιρόπι σφενδάμου.
- 4 κουταλιές της σούπας καφέ ή λευκή πάστα miso.
- 30 g λευκό σουσάμι.
- 250 g αποξηραμένα noodles soba.
- 2 φρέσκα κρεμμυδάκια, ψιλοκομμένα, για το σερβίρισμα.

ΟΔΗΓΙΕΣ:

a) Χρησιμοποιώντας έναν αποφλοιωτή, κόψτε λεπτές κορδέλες από το αγγούρι, αφήνοντας πίσω τους σπόρους. Βάζουμε τις κορδέλες σε ένα μπολ και τις αφήνουμε στην άκρη. Ζεσταίνουμε απαλά το ξύδι, τη ζάχαρη, ¼ κουταλάκι του γλυκού αλάτι και 100 ml νερό σε ένα τηγάνι σε μέτρια φωτιά για 3-5 λεπτά μέχρι να ρευστοποιηθεί η ζάχαρη, μετά περιχύνουμε τα αγγούρια και τα αφήνουμε να πάρουν τουρσί στο ψυγείο όσο ετοιμάζουμε το τόφου.

b) Ζεσταίνουμε όλα εκτός από 1 κουταλιά της σούπας λάδι σε ένα μεγάλο, αντικολλητικό τηγάνι σε μέτρια φωτιά μέχρι να αρχίσουν να ανεβαίνουν οι φυσαλίδες στην επιφάνεια. Συμπεριλάβετε το τόφου και τηγανίστε για 7-10 λεπτά.

c) Σε ένα μικρό μπολ, ανακατέψτε το μέλι και το miso. Απλώνουμε το σουσάμι σε ένα πιάτο. Αλείψτε το τηγανισμένο τόφου με την κολλώδη σάλτσα μελιού και αφήστε στην άκρη τυχόν υπολείμματα. Περιχύνουμε ομοιόμορφα το τόφου στους σπόρους, πασπαλίζουμε με λίγο αλάτι και αφήνουμε σε ζεστό μέρος.

d) Ετοιμάζουμε τα νουντλς και τα ανακατεύουμε με το υπόλοιπο λάδι, την υπόλοιπη σάλτσα και 1 κουταλιά της σούπας από το υγρό τουρσί αγγουριού. Μαγειρέψτε για 3 λεπτά μέχρι να ζεσταθεί.

49. <u>*Σκουμπρί στη σχάρα με dressing γκρεμολάτα πορτοκαλιού*</u>

Σερβίρει 4

ΣΥΣΤΑΤΙΚΑ:
- 4 φιλέτα σκουμπρί με φλούδα
- Ελαιόλαδο, για ψήσιμο στη σχάρα
- Χυμός από 1 μικρό πορτοκάλι
- 4 κλωναράκια δεντρολίβανου, κομμένα στη μέση
- Για το ντρέσινγκ γκρεμολάτα πορτοκαλιού
- 100 ml ελαιόλαδο
- 2 σκελίδες σκόρδο, καθαρισμένες και ψιλοκομμένες
- Ξύσμα και χυμό από 1 μικρό πορτοκάλι
- 2 κουταλιές της σούπας πλατύφυλλο μαϊντανό χοντροκομμένο
- Θαλασσινό αλάτι και φρεσκοτριμμένο μαύρο πιπέρι

οδηγίες:
a) Προθερμάνετε τη σχάρα σε μέτρια-υψηλή. Στρώστε το ταψί με αλουμινόχαρτο.
Για να φτιάξετε το ντρέσινγκ γκρεμολάτα πορτοκαλιού, βάζετε όλα τα υλικά για αυτό σε ένα μπολ και αλατοπιπερώνετε. Ανακατεύουμε καλά και μετά βάζουμε στη μία πλευρά.
b) Χρησιμοποιώντας ένα κοφτερό μαχαίρι, τρίψτε το δέρμα στα φιλέτα του σκουμπριού και, στη συνέχεια, τοποθετήστε τα στο προετοιμασμένο ταψί γκριλ, με την πλευρά του δέρματος προς τα κάτω. Περιχύστε ελαιόλαδο σε κάθε ένα από τα φιλέτα, προσθέστε ένα στύψιμο από χυμό πορτοκαλιού και σκορπίστε από πάνω τα κλωνάρια δεντρολίβανου.
c) Τοποθετήστε το τηγάνι κάτω από τη σχάρα και μαγειρέψτε το ψάρι για 1-2 λεπτά πριν το αναποδογυρίσετε και ψήσετε για άλλα 4-5 λεπτά ή μέχρι να γίνει τραγανή η φλούδα και η σάρκα να είναι αδιαφανής.
d) Μεταφέρετε το ψάρι σε μια πιατέλα και με ένα κουτάλι πάνω από το dressing γκρεμολάτα, πριν το σερβίρετε με μια μεγάλη πράσινη σαλάτα και πολύ ζεστό ψωμί κρούστας.

50.   Μαλαισιανό ψάρι και μπάμιες κάρυ

Σερβίρει 4

ΣΥΣΤΑΤΙΚΑ:
- 2 κουταλιές της σούπας φυτικό λάδι
- 1 κρεμμύδι καθαρισμένο και κομμένο σε κύβους
- 3 σκελίδες σκόρδο καθαρισμένες και ψιλοκομμένες
- Κομμάτι 3 εκ. φρέσκο τζίντζερ ρίζας, ξεφλουδισμένο και ψιλοτριμμένο
- 1 μακρύ κόκκινο τσίλι, ξεσποριασμένο αν θέλετε πιο ήπιο χτύπημα, ψιλοκομμένο
- 1 κουταλάκι του γλυκού πάστα γαρίδας Ταϊλάνδης
- 1 γεμάτη κουταλάκι του γλυκού αλεσμένος κουρκουμάς
- 2 ντομάτες χοντροκομμένες 250 ml ζωμός ψαριού
- 400 ml κρέμα καρύδας
- 1 φύλλο kaffir lime
- 2 κουταλάκια του γλυκού πάστα λεμονόχορτου
- 1 κουταλάκι του γλυκού ζάχαρη φοίνικα καρύδας
- 1 κουταλιά της σούπας πάστα ταμαρίνδου
- 650 γρ φιλέτα μοναχόψαρου
- 200 γρ μπάμιες
- 2 κουταλιές της σούπας κόλιανδρο ψιλοκομμένο

οδηγίες:

a) Τοποθετούμε ένα μεγάλο αντικολλητικό τηγάνι σε μέτρια προς δυνατή φωτιά και προσθέτουμε το λάδι. Όταν ζεσταθεί, προσθέστε το κρεμμύδι και μαγειρέψτε για 2-3 λεπτά ή μέχρι να μαλακώσει.

b) Προσθέστε το σκόρδο, το τζίντζερ και το τσίλι και μαγειρέψτε για 2 λεπτά πριν προσθέσετε τον πολτό γαρίδας και τον κουρκουμά.

c) Ανακατεύουμε για 1 λεπτό ή μέχρι να μυρίσουν και μετά προσθέτουμε τις ντομάτες, το ζωμό ψαριού, την κρέμα καρύδας, το φύλλο kaffir lime, την πάστα λεμονόχορτου, τη ζάχαρη φοίνικα και τον πολτό ταμαρίνδου. Ανακατεύουμε καλά, αφήνουμε να πάρει βράση και σιγοβράζουμε για 10-12 λεπτά.

d) Εν τω μεταξύ, κόψτε το καλόγερο σε κομμάτια 3-5 εκ. Κόβουμε τις μπάμιες και τις κόβουμε στη μέση υπό γωνία.

e) Προσθέστε τις μπάμιες στο τηγάνι και μαγειρέψτε για 2 λεπτά, στη συνέχεια προσθέστε το monkfish και μαγειρέψτε για άλλα 5-6 λεπτά ή μέχρι να ψηθούν.

f) Αποσύρουμε την κατσαρόλα από τη φωτιά, ρίχνουμε τον κόλιανδρο και σερβίρουμε σε μπολ με ρύζι μπασμάτι ή αρωματικό πιλάφι σαφράν.

51. <u>Μπριζόλες τόνου με κουσκούς λεμονιού συντηρημένο</u>

Σερβίρει 2

ΣΥΣΤΑΤΙΚΑ:

- 2 x 200 γρ μπριζόλες τόνου
- 1 κουταλιά της σούπας ελαιόλαδο
- Για το διατηρημένο κουσκούς λεμονιού
- 100 γρ κουσκούς
- Πρέζα σαφράν
- ½ λεμόνι συντηρημένο, ψιλοκομμένο
- 150 ml ζωμός λαχανικών
- ¼ αγγούρι
- 2 κουταλιές της σούπας φύλλα κόλιανδρου
- 2 κουταλιές της σούπας φύλλα μέντας
- 1 x 400 g κονσέρβας ρεβίθια, στραγγισμένα και ξεπλυμένα
- 2 κουταλιές της σούπας εξαιρετικό παρθένο ελαιόλαδο
- Χυμός λεμονιού, για γεύση
- Θαλασσινό αλάτι και φρεσκοτριμμένο μαύρο πιπέρι
- Για να εξυπηρετήσει
- ½ κουταλάκι του γλυκού σουμάκ
- Σφήνες λεμονιού

οδηγίες:
a) Βάλτε το κουσκούς σε ένα θερμαινόμενο μπολ.
Χρησιμοποιώντας ένα γουδοχέρι και γουδί, αλέστε το σαφράν σε
σκόνη και μετά τοποθετήστε το σε μια μικρή κατσαρόλα με το
διατηρημένο ζωμό λεμονιού και λαχανικών. Αφήνουμε να πάρει
μια βράση και περιχύνουμε το κουσκούς. Ανακατεύουμε καλά,
σκεπάζουμε το μπολ με μεμβράνη και αφήνουμε να καθίσει για
5-10 λεπτά.
b) Εν τω μεταξύ, ψιλοκόβουμε το αγγούρι και ψιλοκόβουμε τα
μυρωδικά.
c) Ξεσκεπάζουμε το κουσκούς και το αφρατεύουμε με ένα
πιρούνι. Προσθέστε το αγγούρι, τα μυρωδικά, τα ρεβίθια, το
εξαιρετικό παρθένο ελαιόλαδο και λίγο χυμό λεμονιού.
Ανακατεύουμε καλά και αλατοπιπερώνουμε. Αφήνω στην άκρη.
d) Τοποθετήστε ένα μεγάλο αντικολλητικό τηγάνι σε μέτρια προς
δυνατή φωτιά. Περιχύνετε τις μπριζόλες τόνου με το ελαιόλαδο
και αλατοπιπερώνετε και από τις δύο πλευρές. Όταν το τηγάνι
είναι ζεστό, προσθέστε τον τόνο και μαγειρέψτε για 2 λεπτά από
κάθε πλευρά.
e) Ρίχνετε με κουτάλι το κουσκούς σε πιάτα και τοποθετείτε από
πάνω τον τόνο. Πασπαλίζουμε κάθε πιάτο με το σουμάκ και
σερβίρουμε με φέτες λεμονιού και μια πράσινη σαλάτα.

52. **Τσιπούρα φούρνου με μάραθο, καρότο και λεμόνι**

Σερβίρει 2

ΣΥΣΤΑΤΙΚΑ:
- 1 μεγάλο καρότο
- 2 βολβοί μάραθο
- 2 κουταλιές της σούπας ελαιόλαδο
- Ξύσμα και χυμό από 1 λεμόνι
- 2 x 120 γρ φιλέτα τσιπούρας
- 1 κουταλάκι του γλυκού γύρη μάραθου (προαιρετικά)
- Θαλασσινό αλάτι και φρεσκοτριμμένο μαύρο πιπέρι

οδηγίες:

a) Προθερμαίνουμε το φούρνο στους 200°C/180°C ανεμιστήρα/γκάζι 6.

b) Κόψτε δύο κομμάτια χαρτί ψησίματος περίπου 35 x 40 εκ. και διπλώστε το καθένα στη μέση κατά μήκος.

c) Ξεφλουδίστε το καρότο και χρησιμοποιήστε ένα μαντολίνο ή αποφλοιωτή λαχανικών για να το κόψετε σε λεπτές κορδέλες. Κόψτε το μάραθο, κρατώντας τυχόν φύλλα και κόψτε τον βολβό σε κορδέλες.

d) Μοιράζουμε τα λαχανικά στα δύο κομμάτια χαρτιού ψησίματος, τοποθετώντας τα δεξιά από την πτυχή. Ρίξτε μια κουταλιά της σούπας λάδι, στη συνέχεια πασπαλίστε με τυχόν κρατημένα φύλλα και το ξύσμα λεμονιού.

e) Χρησιμοποιώντας ένα κοφτερό μαχαίρι, τρίψτε την πέτσα της τσιπούρας, μετά τοποθετήστε ένα φιλέτο ψαριού πάνω από τα λαχανικά, με την πέτσα προς τα πάνω και αλατοπιπερώστε. Στύψτε το χυμό λεμονιού πάνω από κάθε φιλέτο και στη συνέχεια πασπαλίστε με τη γύρη μάραθου (αν χρησιμοποιείτε).

f) Διπλώστε το χαρτί ψησίματος πάνω από το ψάρι και σφραγίστε τις μακριές άκρες μεταξύ τους διπλώνοντάς τες τη μία πάνω στην άλλη. Στρίψτε τις άκρες και βάλτε τις από κάτω. Βάλτε τα δέματα σε ένα ταψί και βάλτε τα στο επάνω ράφι του φούρνου για 8-10 λεπτά ή μέχρι να ψηθεί το ψάρι.

g) Σερβίρετε τις τσιπούρες στις χάρτινες σακούλες με νέες πατάτες και μια πράσινη σαλάτα.

53. <u>Γαρίδες σκόρδου και τσίλι</u>

Σερβίρει 2

ΣΥΣΤΑΤΙΚΑ:
- 4 κουταλιές της σούπας ελαιόλαδο
- 6 σκελίδες σκόρδο καθαρισμένες και ψιλοκομμένες
- 1 κόκκινο τσίλι, ξεσποριασμένο αν θέλετε πιο ήπιο χτύπημα, ψιλοκομμένο
- Πρέζα νιφάδες τσίλι (προαιρετικά)
- 600 γραμμάρια ωμές γαρίδες τίγρης
- 80 ml σέρι μανζανίλια
- 1 κουταλάκι του γλυκού πουρέ ντομάτας
- 200 γραμμάρια ντοματίνια, κομμένα στα τέσσερα
- 25 γρ βούτυρο, κομμένο σε κύβους 1 εκ
- 2 κουταλιές της σούπας μαϊντανό πλατύφυλλο ψιλοκομμένο
- Θαλασσινό αλάτι και φρεσκοτριμμένο μαύρο πιπέρι

οδηγίες:
a) Τοποθετήστε ένα μεγάλο αντικολλητικό τηγάνι σε μέτρια προς δυνατή φωτιά και προσθέστε το λάδι. Όταν ζεσταθεί, προσθέστε το σκόρδο, το τσίλι και τις νιφάδες τσίλι (αν χρησιμοποιείτε) και ανακατέψτε απαλά για 1 λεπτό.
b) Προσθέστε τις γαρίδες και μαγειρέψτε μέχρι να ροδίσουν από τη μία πλευρά. Αναποδογυρίζουμε κάθε μια από τις γαρίδες και προσθέτουμε το σέρι, τον πελτέ ντομάτας και τα ντοματίνια. Μαγειρέψτε για 1-2 λεπτά ή μέχρι να ροδίσουν παντού οι γαρίδες και μετά μεταφέρετε τις γαρίδες σε ένα πιάτο. Συνεχίστε να μαγειρεύετε το μείγμα στο τηγάνι για 2-3 λεπτά ακόμη, μέχρι να μαλακώσουν οι ντομάτες.
c) Επιστρέψτε τις γαρίδες στο τηγάνι, ανακατέψτε με το βούτυρο και τον μαϊντανό και αλατοπιπερώστε τη γεύση. Σερβίρετε με μια πράσινη σαλάτα και λίγο ψωμί για να καθαρίσετε την νόστιμη σάλτσα.

54. Κινεζικό λαβράκι φούρνου

Σερβίρει 2

ΣΥΣΤΑΤΙΚΑ:

- 4 baby pak choi, κομμένα στη μέση κατά μήκος
- 125 γραμμάρια πράσινα φασολάκια ψιλοκομμένα
- 100 γρ καλαμπόκι baby, τα μεγαλύτερα κομμένα στο μισό κατά μήκος
- 2 x 180 γρ φιλέτα λαβράκι με πέτσα
- Κομμάτι φρέσκου τζίντζερ 5 εκατοστών, ξεφλουδισμένο και ξεφλουδισμένο
- 2 σκελίδες σκόρδο, ξεφλουδισμένες και κομμένες σε λεπτές φέτες
- 1 μακρύ κόκκινο τσίλι, ξεσποριασμένο αν θέλετε πιο ήπιο χτύπημα, κομμένο σε λεπτές φέτες
- ½ κουταλάκι του γλυκού κορν φλάουρ
- 2 κουταλιές της σούπας σάλτσα σόγιας
- 1 κουταλιά της σούπας σάλτσα στρειδιών
- 1 κουταλιά της σούπας σησαμέλαιο, συν επιπλέον για σερβίρισμα
- 4 κουταλιές της σούπας κρασί από ρύζι Shaoxing
- Πρέζα αλεσμένο λευκό πιπέρι
- Ρύζι γιασεμί, για σερβίρισμα

οδηγίες:

a) Προθερμαίνουμε τον φούρνο στους 220°C/200°C ανεμιστήρα/γκάζι 7.

b) Κόψτε δύο κομμάτια χαρτί ψησίματος περίπου 35 x 40 εκ. και διπλώστε το καθένα στη μέση κατά μήκος. Τοποθετήστε το pak choi στα δεξιά κάθε πτυχής. Βάλτε τα φασόλια από πάνω και μετά τοποθετήστε το καλαμπόκι πάνω από τα φασόλια.

c) Κόβουμε κάθε φιλέτο λαβράκι στη μέση και τοποθετούμε τα δύο μισά, επικαλύπτοντας ελαφρά, πάνω από τα λαχανικά.

d) Πασπαλίστε το τζίντζερ, το σκόρδο και το τσίλι πάνω από το ψάρι.

e) Βάζετε το κορν φλάουρ σε ένα μπολ με τη σάλτσα σόγιας και ανακατεύετε μέχρι να ομογενοποιηθεί καλά. Προσθέστε τη σάλτσα στρειδιών, το σησαμέλαιο, το κρασί ρυζιού και το λευκό πιπέρι και ανακατέψτε ξανά. Ρίχνουμε με κουτάλι το μείγμα πάνω από τα ψάρια.

f) Διπλώστε το χαρτί ψησίματος πάνω από τα ψάρια και κλείστε τις άκρες μεταξύ τους διπλώνοντάς τες τη μία πάνω στην άλλη. Στρίψτε τις άκρες και βάλτε τις από κάτω. Βάλτε τα δέματα σε ένα ταψί και βάλτε τα στο επάνω ράφι του φούρνου για 15 λεπτά.

g) Τοποθετούμε τα δέματα σε δύο πιάτα σερβιρίσματος, τα ανοίγουμε και τα περιχύνουμε με λίγο επιπλέον σησαμέλαιο πριν τα σερβίρουμε με ρύζι γιασεμί.

55. <u>Γαρίδες αλάτι και ροζ πιπέρι με μαγιονέζα λάιμ</u>

Σερβίρει 4

ΣΥΣΤΑΤΙΚΑ:
- 1 κουταλιά της σούπας κόκκους ροζ πιπεριού
- ½ κουταλάκι του γλυκού θαλασσινό αλάτι
- Ξύσμα και χυμός από 2 λάιμ
- 3 κουταλιές της σούπας ελαιόλαδο
- 500 γρ ωμές, καθαρισμένες βασιλικές γαρίδες
- 1 κουταλιά της σούπας κόλιανδρο χοντροκομμένο
- Για τη μαγιονέζα λάιμ
- 100 γρ μαγιονέζα
- Χυμός από 1 λάιμ

οδηγίες:
a) Χρησιμοποιώντας γουδοχέρι και γουδί, τρίψτε τους κόκκους πιπεριού και το αλάτι σε χοντρή σκόνη.
b) Βάλτε το ξύσμα και το χυμό του λάιμ σε ένα μεγάλο μπολ και μετά ανακατέψτε με το μείγμα ελαιόλαδου και ροζ πιπεριάς.
c) Προσθέστε τις γαρίδες και με καθαρά χέρια, ανακατέψτε απαλά μέχρι να καλυφθούν καλά.
d) Ανακατέψτε τη μαγιονέζα και το χυμό λάιμ μαζί σε ένα μικρό μπολ.
e) Τοποθετούμε ένα μεγάλο αντικολλητικό τηγάνι σε μέτρια προς δυνατή φωτιά και, όταν είναι πολύ ζεστό, προσθέτουμε τις γαρίδες. Μαγειρέψτε για 2-3 λεπτά, ανακατεύοντας τακτικά, μέχρι να ροδίσουν και να ψηθούν όλες οι γαρίδες.
f) Ρίξτε τις γαρίδες σε μια πιατέλα, πασπαλίστε με τον κόλιανδρο και σερβίρετε αμέσως με τη μαγιονέζα λάιμ και μια μεγάλη πράσινη σαλάτα.

56. Ψητό μερλούκιο με μαγιονέζα σαφράν

Σερβίρει 4

ΣΥΣΤΑΤΙΚΑ:

- 300 γρ τρυφερό μίσχο μπρόκολο
- 4 x 200 γρ φιλέτα μερλούκιου, ξεφλουδισμένα και χωρίς κόκκαλο
- 1 κουταλιά της σούπας φύλλα θυμαριού
- 2 κουταλιές της σούπας εξαιρετικό παρθένο ελαιόλαδο
- Ξύσμα και χυμό από ½ πορτοκάλι
- 1 λεμόνι, κομμένο σε φέτες
- Για τη μαγιονέζα σαφράν
- Πρέζα σαφράν
- 1 κουταλιά της σούπας βραστό νερό
- 2 κρόκοι αυγών
- 2 μικρές σκελίδες σκόρδο, ξεφλουδισμένες και λιωμένες
- 1 κουταλιά της σούπας μουστάρδα Dijon
- 80 ml ελαιόλαδο
- 80 ml φυτικό λάδι
- Χυμός λεμονιού, για γεύση
- Θαλασσινό αλάτι και φρεσκοτριμμένο μαύρο πιπέρι

οδηγίες:
a) Προθερμαίνουμε το φούρνο στους 200°C/180°C ανεμιστήρα/γκάζι 6.

b) Με γουδοχέρι και γουδί αλέστε το σαφράν σε σκόνη, μετά προσθέστε το βραστό νερό και αφήστε το να κάτσει.

c) Βάλτε το μπρόκολο σε ένα μεγάλο ταψί και από πάνω τοποθετήστε τα φιλέτα μερλούκιου, με την πέτσα προς τα κάτω. Πασπαλίζουμε με το θυμάρι, αλάτι και πιπέρι και μετά περιχύνουμε με το ελαιόλαδο. Προσθέστε λίγο ξύσμα πορτοκαλιού σε κάθε κομμάτι μπακαλιάρου.

d) Τοποθετήστε το ταψί στο φούρνο σε ψηλό ράφι για 10-15 λεπτά ή μέχρι να ψηθεί το ψάρι και το μπρόκολο να απανθρακωθεί ελαφρά.

e) Εν τω μεταξύ φτιάχνουμε τη μαγιονέζα. Σε ένα μπολ βάζουμε τους κρόκους των αυγών, το σκόρδο και τη μουστάρδα. Χτυπάμε καλά και μετά ρίχνουμε τα δύο λάδια στο μπολ με απαλή ροή ενώ ανακατεύουμε συνεχώς. Προσθέτουμε το σαφράν νερό και λίγο αλατοπίπερο και χτυπάμε ξανά. Προσθέστε χυμό λεμονιού για γεύση.

f) Βγάζουμε τον μερλούκιο από το φούρνο και τον στύβουμε πάνω από τον χυμό πορτοκαλιού. Αφήνουμε να ξεκουραστεί για 2-3 λεπτά και μετά σερβίρουμε με μια μεγάλη κουταλιά μαγιονέζας σαφράν και μια φέτα λεμονιού σε κάθε πιάτο.

57. Ψωμάκια κοτόπουλου σαφράν με γιαούρτι μέντας

Σερβίρει 2

ΣΥΣΤΑΤΙΚΑ:
- Πρέζα σαφράν
- 1 κουταλιά της σούπας βραστό νερό
- 500 γραμμάρια μπούτια κοτόπουλου χωρίς κόκαλα και πέτσα
- 2 σκελίδες σκόρδο, ξεφλουδισμένες και λιωμένες
- 1 κουταλάκι του γλυκού φύλλα θυμάρι
- Ξύσμα από 1 λεμόνι
- 4 κουταλιές της σούπας ελληνικό γιαούρτι
- 1 κόκκινο κρεμμύδι, ξεφλουδισμένο και κομμένο σε 8 φέτες
- 2 πλακέ ψωμάκια
- 2 μεγάλες χούφτες ανάμεικτα φύλλα σαλάτας
- 140 γρ ντοματίνια κομμένα στη μέση
- 2 κουταλιές της σούπας τραγανά τηγανητά κρεμμύδια (διατίθεται από τα σούπερ μάρκετ), ΣΕΡΒΙΡΙΖΟΝΤΑΙ (ΠΡΟΑΙΡΕΤΙΚΑ)
- Για το γιαούρτι μέντας
- 150 γρ ελληνικό γιαούρτι
- Μικρή χούφτα φύλλα μέντας, ψιλοκομμένα
- Χυμός λεμονιού, για γεύση

ΟΔΗΓΙΕΣ:
a) Μουλιάστε 4 σουβλάκια μπαμπού σε νερό για τουλάχιστον 30 λεπτά. Προθερμάνετε το φούρνο στους 240°C/220°C Ανεμιστήρας/Αέριο 9.
b) Με ένα γουδοχέρι και γουδί αλέστε το σαφράν σε σκόνη, στη συνέχεια καλύψτε με το βραστό νερό και αφήστε το να καθίσει.
c) Κόβουμε το κοτόπουλο σε κομμάτια 5 εκ. και το βάζουμε σε ένα μπολ με το σκόρδο, το θυμάρι, το ξύσμα λεμονιού και το γιαούρτι. Αλατοπιπερώνουμε, προσθέτουμε το νερό με το σαφράν και ανακατεύουμε καλά.
d) Περάστε τα κομμάτια του κοτόπουλου στα σουβλάκια, εναλλάξ τα με το κόκκινο κρεμμύδι. Τοποθετούμε σε αντικολλητικό ταψί και το βάζουμε σε ψηλό ράφι στο φούρνο για 12 λεπτά.

e) Εν τω μεταξύ φτιάχνουμε το γιαούρτι με δυόσμο. Ενώνουμε το γιαούρτι με το δυόσμο, προσθέτουμε το χυμό λεμονιού κατά βούληση και αλατοπιπερώνουμε. Αφήστε στην άκρη μέχρι να χρειαστεί.

f) Βάζετε τα πλακέ ψωμάκια σε ένα ταψί και τα βάζετε στον πάτο του φούρνου να ζεσταθούν για λίγα λεπτά.

g) Προθερμάνετε τη σχάρα. Όταν το κοτόπουλο έχει ψηθεί για 12 λεπτά, τοποθετήστε το κάτω από τη σχάρα και μαγειρέψτε για άλλα 3-4 λεπτά, μέχρι να ροδίσει και να ψηθεί.

h) Βάλτε τα flatbreads σε πιάτα και απλώστε λίγο από το δυόσμο γιαούρτι στη μέση. Προσθέστε μια χούφτα από τα φύλλα σαλάτας στο καθένα και μοιράστε τις ντομάτες μεταξύ τους. Βάζουμε από πάνω τα ψημένα σουβλάκια και πασπαλίζουμε με τηγανητά κρεμμύδια για να τα σερβίρουμε.

58. Μαροκινό κοτόπουλο Traybake

Σερβίρει 4

ΣΥΣΤΑΤΙΚΑ:

- 200 γραμμάρια baby καρότα
- 2 κόκκινα κρεμμύδια, καθαρισμένα και το καθένα κομμένο σε 8 φέτες
- 2 κουταλιές της σούπας ελαιόλαδο
- 2 κουταλιές της σούπας ras-el-hanout
- 200 ml ζωμός κοτόπουλου
- 150 γρ κουσκούς
- 4 στήθη κοτόπουλου με το δέρμα
- 2 κολοκυθάκια
- 1 x 400 g κονσέρβας ρεβίθια, στραγγισμένα και ξεπλυμένα
- 50 ml νερό
- 4 κουταλιές της σούπας κόλιανδρο ψιλοκομμένο
- Χυμός λεμονιού, για γεύση
- 15 γρ φιστίκια Αιγίνης, χοντροκομμένα
- Θαλασσινό αλάτι και φρεσκοτριμμένο μαύρο πιπέρι
- Ροδοπέταλα, για σερβίρισμα (προαιρετικά)

Προθερμαίνουμε τον φούρνο στους 220°C/200°C ανεμιστήρα/γκάζι 7.

ΟΔΗΓΙΕΣ:

a) Πλένουμε τα baby καρότα, κόβοντας στη μέση κατά μήκος. Τοποθετούμε σε ένα μεγάλο ταψί με τα κρεμμύδια. Περιχύστε με 1 κουταλιά της σούπας ελαιόλαδο και πασπαλίστε πάνω από 1 κουταλιά της σούπας ras-el-hanout μέχρι να επικαλυφθεί ομοιόμορφα. Τοποθετούμε στο φούρνο για 10 λεπτά.
b) Ρίχνουμε το ζωμό κοτόπουλου σε ένα μικρό τηγάνι, το τοποθετούμε σε μέτρια προς δυνατή φωτιά και το αφήνουμε να πάρει βράση. Βάζουμε το κουσκούς σε ένα μπολ με λίγο αλάτι και πιπέρι. Περιχύνουμε με τον ζεστό ζωμό, σκεπάζουμε με μεμβράνη και αφήνουμε στην άκρη να απορροφήσει τα υγρά.

c) Τρίψτε τη φλούδα του κοτόπουλου με ένα κοφτερό μαχαίρι, στη συνέχεια αλατοπιπερώστε και πασπαλίστε με ½ κουταλιά της σούπας ras-el-hanout.

d) Κόβουμε κάθε κολοκυθάκι σε τέταρτα κατά μήκος και μετά σε μήκη 5 εκ. και μετά πασπαλίζουμε με την υπόλοιπη ½ κουταλιά της σούπας ras-el-hanout. Βγάζουμε το ταψί από το φούρνο και προσθέτουμε τα κολοκυθάκια και τα ρεβίθια. Τοποθετούμε από πάνω τα στήθη κοτόπουλου και περιχύνουμε με την υπόλοιπη κουταλιά της σούπας ελαιόλαδο. Προσθέστε το νερό στον πάτο του ταψιού και επιστρέψτε στο φούρνο σε ψηλό ράφι για 15 λεπτά.

e) Εν τω μεταξύ, ξεσκεπάζουμε το κουσκούς και το αφρατέψουμε με ένα πιρούνι. Ανακατεύουμε μέσα τον κόλιανδρο και μετά προσθέτουμε το χυμό λεμονιού και αλατοπίπερο κατά βούληση.

f) Βγάζετε το ταψί από το φούρνο και πασπαλίζετε με φιστίκια Αιγίνης και ροδοπέταλα (αν χρησιμοποιείτε). Φέρτε στο τραπέζι και σερβίρετε κατευθείαν από το δίσκο.

59. <u>Ντρέσινγκ με κοτόπουλο και μπλε τυρί Buffalo</u>

Σερβίρει 2

ΣΥΣΤΑΤΙΚΑ:
● 8 μίνι φιλέτα κοτόπουλου
● 300 ml βουτυρόγαλα
● 1 ½ κουταλάκι του γλυκού κόκκοι σκόρδου
● 1 ½ κουταλάκι του γλυκού κρεμμύδι σε σκόνη
● 1 κουταλάκι του γλυκού αποξηραμένο θυμάρι ½ κουταλάκι του γλυκού πιπέρι καγιέν
● Φυτικό λάδι, για τηγάνισμα
● 150 γρ αλεύρι απλό
● 80 ml Red-hot Wings Sauce
● Θαλασσινό αλάτι και φρεσκοτριμμένο μαύρο πιπέρι
● Για το ντύσιμο
● 50 γρ ελληνικό γιαούρτι
● 50 γρ κρέμα γάλακτος
● 1 κουταλιά της σούπας μαγιονέζα
● 35 γρ μπλε τυρί, θρυμματισμένο
● Στύψτε το χυμό λεμονιού
● 2 δόσεις σάλτσας Worcestershire
● Για να εξυπηρετήσει
● Μπαστούνια σέλινου
● Μικρά φύλλα μαρουλιού πολύτιμων λίθων

οδηγίες:
a) Προθερμαίνουμε το φούρνο στους 140°C/120°C ανεμιστήρα/γκάζι 1.
b) Βάζουμε το κοτόπουλο σε ένα μπολ με το βουτυρόγαλα, τους κόκκους σκόρδου, το κρεμμύδι σε σκόνη, το θυμάρι, το πιπέρι καγιέν και λίγο αλατοπίπερο. Ανακατέψτε καλά.
c) Ζεσταίνουμε ένα τρίτο βάθος λαδιού σε ένα μεγάλο τηγάνι στους 190°C ή μέχρι να ροδίσει ένας κύβος ψωμιού σε 25 δευτερόλεπτα.
Εν τω μεταξύ, ανακατεύουμε όλα τα υλικά του ντρέσινγκ μαζί. Αλατοπιπερώνουμε κατά βούληση.

d) Βάζουμε το αλεύρι σε ένα ρηχό μπολ, προσθέτουμε λίγο αλάτι και πιπέρι και ανακατεύουμε καλά. Βγάζετε ένα μίνι φιλέτο από τη μαρινάδα, κρατώντας όσο περισσότερο βουτυρόγαλα γίνεται, και αλείφετε με το αλεύρι. Μεταφέρετε σε ένα πιάτο ενώ επαναλαμβάνετε αυτό το βήμα με άλλα 3 φιλέτα.

e) Μόλις το λάδι φτάσει σε θερμοκρασία, προσθέστε προσεκτικά τα επικαλυμμένα φιλέτα και μαγειρέψτε για 4-5 λεπτά ή μέχρι να ροδίσουν και να ψηθούν. Τα στραγγίζουμε σε χαρτί κουζίνας και μετά τα μεταφέρουμε σε ταψί και τα βάζουμε στο φούρνο να διατηρηθούν ζεστά.

f) Αλευρώνετε τα υπόλοιπα φιλέτα κοτόπουλου ενώ επαναφέρετε το λάδι σε θερμοκρασία. Όταν είναι αρκετά ζεστό, προσθέτουμε προσεκτικά τα φιλέτα και μαγειρεύουμε για 4-5 λεπτά. Τα στραγγίζουμε σε χαρτί κουζίνας και μετά τα κρατάμε ζεστά με τα άλλα φιλέτα.

g) Ρίξτε τη σάλτσα Red Hot Wings και το dressing blue cheese σε μπολ σερβιρίσματος και σερβίρετε μαζί με το κοτόπουλο με μπαστουνάκια σέλινου και μαρούλι.

60.   Άγριο σκόρδο γαλοπούλα Κιέβου

Σερβίρει 2

ΣΥΣΤΑΤΙΚΑ:
- 100 γρ βούτυρο, μαλακωμένο
- 2 κουταλιές της σούπας χοντροκομμένο εστραγκόν
- Ξύσμα από ½ λεμόνι
- 2 μικρές σκελίδες σκόρδο, ξεφλουδισμένες και λιωμένες
- Μεγάλη χούφτα άγριο σκόρδο, χοντροκομμένο
- 1 αυγό
- 50 γρ αλεύρι απλό
- 50 ml γάλα
- 75 γρ τριμμένη φρυγανιά panko
- 1 κουταλιά της σούπας ψιλοκομμένο μαϊντανό ή άνηθο
- 4 x 100 γρ εσκάλοπ γαλοπούλας
- 150 γραμμάρια πράσινα φασολάκια ψιλοκομμένα
- Φυτικό λάδι, για τηγάνισμα
- Θαλασσινό αλάτι και φρεσκοτριμμένο μαύρο πιπέρι

οδηγίες:
a) Βάλτε το βούτυρο, το εστραγκόν, το ξύσμα λεμονιού, το σκόρδο και το άγριο σκόρδο σε ένα μικρό πολυμηχάνημα. Αλατοπιπερώνουμε και ανακατεύουμε καλά μέχρι να ομογενοποιηθούν.
b) Βάζουμε το αυγό, το αλεύρι και το γάλα σε ένα ρηχό μπολ και χτυπάμε μαζί για να γίνει ένα κουρκούτι.
c) Ανακατεύουμε τη φρυγανιά panko με τον μαϊντανό σε ένα δεύτερο ρηχό μπολ.
d) Απλώστε 2 από τις εσκάλοπες σε ένα κομμάτι μεμβράνης έτσι ώστε να επικαλύπτονται ελαφρώς. Τα χτυπάμε ελαφρά με έναν πλάστη για να ενωθούν μεταξύ τους και να γίνει ομοιόμορφο το κρέας.
e) Βάλτε το μισό άγριο βούτυρο σκόρδου στο ένα μισό της ενωμένης σκαλοπατιού, αφήνοντας ένα περίγραμμα 1,5 εκ. γύρω από αυτό. Απλώνουμε λίγη ζύμη μέχρι τις άκρες, στη συνέχεια διπλώνουμε τη σκαλοπατίνα πάνω από το βούτυρο σκόρδου και

πιέζουμε προς τα κάτω να κλείσει καλά. Επαναλάβετε τα βήματα 4 και 5 με την υπόλοιπη σκάλα.

f) Βουτήξτε κάθε Κίεβο στο κουρκούτι, φροντίζοντας να έχουν επικαλυφθεί ομοιόμορφα και στη συνέχεια καλύψτε με τη φρυγανιά panko. Τα βάζουμε στο ψυγείο για 5 λεπτά.

g) Εν τω μεταξύ, μαγειρέψτε τα πράσινα φασόλια σε αλατισμένο νερό που βράζει μέχρι να μαλακώσουν. Στραγγίζουμε και διατηρούμε ζεστό μέχρι να χρειαστεί.

h) Τοποθετούμε ένα τηγάνι σε μέτρια προς δυνατή φωτιά και προσθέτουμε λάδι σε βάθος 2 εκ. Όταν είναι ζεστό, τοποθετήστε προσεκτικά κάθε Κίεβο στο λάδι και μαγειρέψτε για 3-4 λεπτά από κάθε πλευρά ή μέχρι να ροδίσει και να ψηθεί. Στραγγίζουμε σε χαρτί κουζίνας και σερβίρουμε αμέσως με τα φασολάκια.

61. Κοτόπουλο τζίντζερ κινέζικου τύπου με ρύζι σκόρδου

Σερβίρει 4

ΣΥΣΤΑΤΙΚΑ:

- 4 στήθη κοτόπουλου με το δέρμα
- Κομμάτι φρέσκου τζίντζερ 4 εκ., ξεφλουδισμένο και ξεφλουδισμένο
- 6 φρέσκα κρεμμυδάκια – 4 κομμένα και κομμένα στη μέση. 2, μόνο πράσινο μέρος, σε λεπτές φέτες, για σερβίρισμα
- 500 ml ζωμός κοτόπουλου
- 2 κουταλιές της σούπας κρασί από ρύζι Shaoxing
- 1 κουταλιά της σούπας ελαφριά σάλτσα σόγιας Θαλασσινό αλάτι
- Για το σκόρδο ρύζι
- 260 γρ ρύζι γιασεμί
- 1 κουταλιά της σούπας φυτικό λάδι
- 1 κουταλιά της σούπας σησαμέλαιο
- 3 μεγάλες σκελίδες σκόρδο, καθαρισμένες και ψιλοκομμένες
- 500 ml ζωμός κοτόπουλου Πρέζα αλεσμένο λευκό πιπέρι

οδηγίες:

a) Προθερμαίνουμε το φούρνο στους 200°C/180°C ανεμιστήρα/γκάζι 6.

b) Αφαιρέστε την πέτσα από το στήθος κοτόπουλου και ξύστε το περιττό λίπος με ένα κοφτερό μαχαίρι. Αλατοπιπερώνουμε και τις δύο πλευρές της πέτσας και τις βάζουμε σε ταψί. Τοποθετήστε ένα άλλο ταψί από πάνω για να διατηρήσετε το δέρμα επίπεδο και τοποθετήστε το στο φούρνο για 12-15 λεπτά ή μέχρι να ροδίσει και να γίνει τραγανό. Αφήνουμε στην άκρη να κρυώσει.

c) Βάλτε τα στήθη κοτόπουλου, το τζίντζερ, τα μισά κρεμμυδάκια και 500 ml ζωμό κοτόπουλου σε μια κατσαρόλα, τοποθετήστε σε δυνατή φωτιά και αφήστε τα να βράσουν.

d) Εν τω μεταξύ, πλένουμε το ρύζι γιασεμί τρεις φορές και το στραγγίζουμε καλά. Ζεσταίνουμε το φυτικό λάδι και το σησαμέλαιο σε μια κατσαρόλα, προσθέτουμε το σκόρδο και μαγειρεύουμε για 2 λεπτά. Προσθέτουμε το ρύζι, 500 ml ζωμό κοτόπουλου και την πιπεριά και αφήνουμε να βράσουν. Τοποθετούμε ένα καπάκι στο τηγάνι, χαμηλώνουμε τη φωτιά και σιγοβράζουμε για 5-8 λεπτά ή μέχρι να ψηθεί το ρύζι.

e) Μόλις βράσει το τηγάνι κοτόπουλου, χαμηλώνουμε τη φωτιά και σιγοβράζουμε απαλά για 5 λεπτά. Βγάζουμε το κοτόπουλο από το τηγάνι και το αφήνουμε στην άκρη να ξεκουραστεί. Πετάξτε τα φρέσκα κρεμμυδάκια και στη συνέχεια επαναφέρετε γρήγορα το ζωμό σε βρασμό. Προσθέστε το κρασί Shaoxing και τη σάλτσα σόγιας και μαγειρέψτε για άλλα 5 λεπτά.

f) Ρίχνετε με κουτάλι το ρύζι σε μπολ, μετά κόβετε σε φέτες το κοτόπουλο και το βάζετε από πάνω. Ρίξτε το ζωμό από πάνω και γαρνίρετε με το φρέσκο κρεμμυδάκι. Τρίβετε ένα κομμάτι πέτσας κοτόπουλου πάνω από κάθε μπολ για να σερβίρετε.

62. Τραγανά μπούτια κοτόπουλου με σάλτσα Romesco

Σερβίρει 2

ΣΥΣΤΑΤΙΚΑ:

- 4 μπούτια κοτόπουλου, με κόκαλα και δέρμα
- 2 κουταλιές της σούπας ελαιόλαδο
- 100 γρ cavolo nero
- 1 κουταλιά της σούπας νερό
- 120 γρ πιπεριές Padrón
- Θαλασσινό αλάτι και φρεσκοτριμμένο μαύρο πιπέρι
- Για τη σάλτσα
- 150 γρ ψητές πιπεριές, από βάζο
- 1 σκελίδα σκόρδο, ξεφλουδισμένη και λιωμένη
- 20 γρ αμύγδαλα καβουρδισμένα ασπρισμένα
- 1 κουταλιά της σούπας ξύδι σέρι
- ¼ κουταλάκι του γλυκού καπνιστή πάπρικα
- 20 γρ ψωμί με προζύμι, αφαιρείται η κρούστα
- 40 ml έξτρα παρθένο ελαιόλαδο

οδηγίες:

a) Προθερμαίνουμε το φούρνο στους 200°C/180°C ανεμιστήρα/γκάζι 6.

b) Αλατοπιπερώνουμε τα μπούτια του κοτόπουλου. Τοποθετήστε ένα μεγάλο, πυρίμαχο τηγάνι σε δυνατή φωτιά. Όταν ζεσταθεί, προσθέστε 1 κουταλιά της σούπας ελαιόλαδο και βάλτε τα μπούτια του κοτόπουλου με το δέρμα προς τα κάτω. Χαμηλώνουμε τη φωτιά σε μέτρια και ψήνουμε το κοτόπουλο για 8 λεπτά.

c) Μόλις η πέτσα του κοτόπουλου ροδίσει και γίνει τραγανή, αναποδογυρίστε τα μπούτια και προσθέστε το cavolo nero και το νερό. Αλατοπιπερώνουμε και βάζουμε όλο το ταψί στο φούρνο για 8 λεπτά.

Εν τω μεταξύ, βάλτε όλα τα υλικά της σάλτσας romesco σε ένα μικρό πολυκόφτη με λίγο αλάτι και πιπέρι και ανακατέψτε μέχρι να ομογενοποιηθούν.

d) Τοποθετήστε ένα μικρό τηγάνι σε δυνατή φωτιά. Όταν ζεσταθεί πολύ, προσθέστε την υπόλοιπη κουταλιά της σούπας ελαιόλαδο, τις πιπεριές Padrón και λίγο αλάτι. Μαγειρέψτε για 4-5 λεπτά ή μέχρι να κάνει φουσκάλες και να μαλακώσει η πέτσα των πιπεριών.

e) Βγάζουμε το κοτόπουλο από το τηγάνι και το αφήνουμε στην άκρη να ξεκουραστεί. Ανακατεύουμε το cavolo nero στους χυμούς του τηγανιού και σερβίρουμε με το κοτόπουλο, τις πιπεριές Padrón και μια γενναιόδωρη κουταλιά από τη σάλτσα romesco.

63.   Ταϊλανδέζικο τσίλι και κοτόπουλο βασιλικό

Σερβίρει 4

ΣΥΣΤΑΤΙΚΑ:

- 350 γρ ρύζι γιασεμί
- 600 ml νερό
- 3 στήθη κοτόπουλου χωρίς πέτσα, χωρίς κόκαλα, κομμένα σε φέτες
- 5 σκελίδες σκόρδο, καθαρισμένες και ψιλοκομμένες
- 4 ταϊλανδέζικα τσίλι, κομμένα σε λεπτές φέτες
- 1 κρεμμύδι, ξεφλουδισμένο και κομμένο σε χοντρές φέτες
- 150 g τρυφερό μίσχο μπρόκολο, κομμένο σε μήκη 5 cm
- 150 γραμμάρια πράσινα φασόλια ψιλά κομμένα και κομμένα στη μέση
- Περίπου 4 κουταλιές της σούπας φυτικό λάδι
- 2 κουταλιές της σούπας σάλτσα στρειδιών
- 1 κουταλιά της σούπας σάλτσα σόγιας
- 80 ml ζωμός κοτόπουλου
- 2 κουταλιές της σούπας σάλτσα ψαριού
- 1 κουταλιά της σούπας ζάχαρη άχνη
- 1 κουταλιά κορν φλάουρ
- 1 κουταλιά της σούπας νερό
- Μεγάλη χούφτα ταϊλανδέζικα φύλλα βασιλικού
- Μικρή χούφτα κανονικά φύλλα βασιλικού
- Θαλασσινό αλάτι και αλεσμένο λευκό πιπέρι

οδηγίες:
a) Πλένουμε το ρύζι τρεις φορές μέχρι να τρέξει καθαρό το νερό και μετά το βάζουμε σε μια κατσαρόλα με το μετρημένο νερό και μια πρέζα αλάτι. Αφήνουμε να πάρει βράση, στη συνέχεια χαμηλώνουμε τη φωτιά σε χαμηλή φωτιά και βάζουμε ένα καπάκι στο τηγάνι. Μαγειρέψτε για άλλα 10-12 λεπτά ή μέχρι να φύγουν τα υγρά και να ψηθεί το ρύζι.
b) Στο μεταξύ ετοιμάζουμε το κρέας και όλα τα λαχανικά για το stir-fry. Αλατοπιπερώνουμε το κοτόπουλο.

c) Τοποθετήστε ένα γουόκ σε πολύ δυνατή φωτιά μέχρι να κάψει ζεστό. Προσθέστε 1 κουταλιά της σούπας φυτικό λάδι και ανακατέψτε το ένα τέταρτο του κοτόπουλου για 1 λεπτό ή μέχρι να ροδίσει ελαφρά. Αποσύρετε γρήγορα το γουόκ από τη φωτιά και μεταφέρετε το κοτόπουλο σε ένα πιάτο. Ξαναβάζουμε το γουόκ στη φωτιά και ψήνουμε το υπόλοιπο κοτόπουλο με τον ίδιο τρόπο, προσθέτοντας περισσότερο λάδι όσο χρειάζεται.

d) Συνδυάστε τη σάλτσα στρειδιών, τη σάλτσα σόγιας, το ζωμό κοτόπουλου, τη σάλτσα ψαριού και τη ζάχαρη σε ένα μικρό μπολ. Σε ένα ξεχωριστό μπολ ανακατεύουμε το κορν φλάουρ με το νερό.

e) Ξαναβάζετε το γουόκ στη φωτιά, προσθέτοντας περισσότερο λάδι όσο χρειάζεται και στη συνέχεια τσιγαρίζετε το σκόρδο και τα μισά τσίλι για 1 λεπτό.

f) Προσθέτουμε το κρεμμύδι και τσιγαρίζουμε για 2 λεπτά. Προσθέστε το μπρόκολο και τα πράσινα φασόλια και μαγειρέψτε για 2 λεπτά, προσθέτοντας λίγο νερό αν αρχίσουν να κολλάνε.

g) Επιστρέψτε το κοτόπουλο στο γουόκ και μαγειρέψτε για άλλα 2-3 λεπτά.

h) Προσθέστε το μείγμα στρειδιών και σάλτσας σόγιας στο γουόκ, στη συνέχεια ανακατέψτε την πάστα από κορν φλάουρ και τα φύλλα βασιλικού Ταϊλάνδης και μαγειρέψτε για 1 ακόμη λεπτό.

i) Ρίχνετε με κουτάλι το ρύζι και τηγανίζετε σε μπολ και πασπαλίζετε με τα υπόλοιπα τσίλι και τα φύλλα βασιλικού πριν το σερβίρετε.

64. Κοτόπουλο Ramen

Σερβίρει 2

ΣΥΣΤΑΤΙΚΑ:

- 2 αυγα
- 2 κουταλιές της σούπας φυτικό λάδι
- 2 στήθη κοτόπουλου με το δέρμα
- 100 γρ noodles ramen
- 2 μεγάλες χούφτες baby σπανάκι
- 2 μεγάλες χούφτες φύτρα φασολιών
- 1 λίτρο ζωμός κοτόπουλου
- 1 κουταλιά της σούπας λευκή πάστα miso
- 2 κουταλάκια του γλυκού σκόνη dashi
- 2 κουταλιές της σούπας σάλτσα σόγιας
- 3 σκελίδες σκόρδο, καθαρισμένες και κομμένες σε λεπτές φέτες
- Κομμάτι φρέσκου τζίντζερ 4 εκ., ξεφλουδισμένο και ξεφλουδισμένο
- 2 κουταλιές της σούπας σάκε (γιαπωνέζικο κρασί από ρύζι)
- 1 μακρύ κόκκινο τσίλι, ξεσποριασμένο αν θέλετε πιο ήπιο χτύπημα, κομμένο σε λεπτές φέτες υπό γωνία
- 2 φρέσκα κρεμμυδάκια, κομμένα και κομμένα σε λεπτές φέτες υπό γωνία
- 1 κουταλάκι του γλυκού καρύκευμα furikake
- Θαλασσινό αλάτι και αλεσμένο λευκό πιπέρι
- Σησαμέλαιο, για το σερβίρισμα

οδηγίες:
a) Βράζουμε ένα μπρίκι με νερό, ρίχνουμε σε μια κατσαρόλα και ξαναβράζουμε σε δυνατή φωτιά. Χαμηλώστε απαλά τα αυγά σε αυτό και μαγειρέψτε για 5-6 λεπτά για να γίνει ελαφρώς ρευστός κρόκος.
b) Εν τω μεταξύ, βάζετε το φυτικό λάδι σε ένα αντικολλητικό τηγάνι και το αφήνετε σε δυνατή φωτιά. Αλατοπιπερώνουμε τα στήθη κοτόπουλου με λίγο λευκό πιπέρι και τα βάζουμε στο

τηγάνι με την πέτσα προς τα κάτω. Μαγειρέψτε σε μέτρια φωτιά για 4-5 λεπτά από τη μία πλευρά.

c) Χρησιμοποιώντας μια τρυπητή κουτάλα, μεταφέρετε τα αυγά σε ένα μπολ με κρύο νερό για να σταματήσετε το ψήσιμο.

d) Προσθέστε λίγο αλάτι στο νερό στην κατσαρόλα και ξαναβράστε. Προσθέστε τα noodles και μαγειρέψτε για 3-4 λεπτά ή μέχρι να μαλακώσουν. Στραγγίζουμε και μοιράζουμε σε δύο μπολ σερβιρίσματος. Προσθέστε μια χούφτα baby σπανάκι και μια χούφτα φύτρα φασολιών σε κάθε μπολ.

e) Καθαρίζουμε προσεκτικά τα αυγά και τα κόβουμε στη μέση κατά μήκος.

f) Ρίξτε το ζωμό κοτόπουλου σε μια κατσαρόλα, προσθέστε την πάστα miso, τη σκόνη dashi και τη σάλτσα σόγιας και στη συνέχεια τοποθετήστε το τηγάνι σε μέτρια φωτιά.

g) Αναποδογυρίζουμε τα στήθη κοτόπουλου και προσθέτουμε στο τηγάνι το σκόρδο και το τζίντζερ. Μαγειρέψτε για άλλα 2-3 λεπτά, ανακατεύοντας συχνά το σκόρδο και το τζίντζερ. Προσθέστε το σάκε και μαγειρέψτε για άλλα 2 λεπτά.

h) Όταν ψηθεί το κοτόπουλο το βγάζουμε από το τηγάνι να ξεκουραστεί. Προσθέστε τους χυμούς του τηγανιού, μαζί με το σκόρδο και το τζίντζερ, στον ζωμό κοτόπουλου και ανακατέψτε καλά.

i) Κόβουμε το κοτόπουλο σε φέτες και το τοποθετούμε πάνω από τα noodles. Ρίξτε μια κουτάλα πάνω από το ζωμό και γαρνίρετε με το τσίλι, τα φρέσκα κρεμμυδάκια, τα μικροβότανα και το καρύκευμα φουρικάκε. Προσθέτουμε τα μισά αυγά στα μπολ, περιχύνουμε με λίγο σησαμέλαιο και σερβίρουμε.

65. <u>*Στήθος πάπιας σε πανί με Pak Choi*</u>

Σερβίρει 4

ΣΥΣΤΑΤΙΚΑ:
- 4 στήθη πάπιας
- 4 pak choi, κομμένα στη μέση
- 250 ml χυμό πορτοκαλιού
- 50 ml σάλτσα σόγιας
- 2 εκ. κομμάτι φρέσκου τζίντζερ ρίζας, ξεφλουδισμένο και τριμμένο
- 50 γρ βούτυρο
- 50 γραμμάρια καταρροή μέλι
- 1 κουταλιά της σούπας μαύρο και άσπρο σουσάμι
- Θαλασσινό αλάτι και φρεσκοτριμμένο μαύρο πιπέρι
- Μαγειρεμένο ρύζι, για σερβίρισμα

οδηγίες:

a) Προθερμαίνουμε τον φούρνο στους 200°C/180°C βεντιλατέρ/Gas 6 και τοποθετούμε μέσα ένα ταψί για να ζεσταθεί.

b) Χρησιμοποιώντας ένα πολύ κοφτερό μαχαίρι, χαράξτε το δέρμα στο στήθος της πάπιας σε διαγώνιες γραμμές, πρώτα προς τη μία κατεύθυνση και μετά την άλλη, ώστε να έχετε ένα σχέδιο με διαμάντια. Αλατοπιπερώνουμε καλά.

c) Βάλτε τα στήθη πάπιας, με το δέρμα προς τα κάτω, σε ένα αντικολλητικό, πυρίμαχο τηγάνι. Τοποθετήστε το τηγάνι σε μέτρια προς δυνατή φωτιά και μαγειρέψτε για 7 λεπτά ή μέχρι να γίνει το λίπος και η φλούδα να γίνει τραγανή και χρυσή.

d) Αναποδογυρίζουμε τα στήθη πάπιας και βάζουμε το τηγάνι στο φούρνο για 3-4 λεπτά. Μεταφέρουμε την πάπια σε ζεστό πιάτο και αφήνουμε να ξεκουραστεί για 2-3 λεπτά.

e) Εν τω μεταξύ, επαναφέρετε το τηγάνι στην εστία και προσθέστε το pak choi κομμένο στη μέση. Μαγειρέψτε για 2 λεπτά, ή μέχρι να αρχίσει να χρωματίζει, στη συνέχεια προσθέστε το χυμό πορτοκαλιού, τη σάλτσα σόγιας, το τζίντζερ και το βούτυρο και αφήστε να σιγοβράσει. Ανακατεύουμε το μέλι και το αφήνουμε να γίνει μια πηχτή σάλτσα.

f) Για να σερβίρετε, κόψτε την πάπια υπό γωνία και πασπαλίστε με το pak choi και λίγο μαγειρεμένο ρύζι. Περιχύνουμε με τη σάλτσα και πασπαλίζουμε με το σουσάμι πριν σερβίρουμε.

66. Ρινθόκοτα τυλιγμένη με πανσέτα με καρότα

Σερβίρει 2

ΣΥΣΤΑΤΙΚΑ:

- 12 λεπτές φέτες πανσέτα
- 2 στήθη φραγκόκοτας χωρίς δέρμα
- 1 κουταλιά της σούπας ήπιο ελαιόλαδο
- 1 εσαλότ μπανάνας, ξεφλουδισμένη και ψιλοκομμένη
- 1 κουταλάκι του γλυκού μουστάρδα ολικής αλέσεως
- 1 κουταλάκι του γλυκού μουστάρδα Dijon
- 1 κουταλάκι του γλυκού φύλλα θυμάρι
- 50 ml λευκό ξηρό κρασί
- 150 ml ζωμός κοτόπουλου
- 125 ml διπλή κρέμα
- Για τα γλασαρισμένα καρότα
- 300 γρ καρότα Chantenay
- 40 γρ βούτυρο
- 250 ml ζωμός κοτόπουλου
- 1 κουταλάκι του γλυκού μέλι
- 1 κουταλιά της σούπας μαϊντανός πλατύφυλλος ψιλοκομμένος
- Θαλασσινό αλάτι και φρεσκοτριμμένο μαύρο πιπέρι

οδηγίες:

a) Προθερμαίνουμε τον φούρνο στους 220°C/200°C ανεμιστήρα/γκάζι 7.

b) Πλένουμε τα καρότα και τα βάζουμε σε ένα μεγάλο τηγάνι με το βούτυρο, το ζωμό κοτόπουλου και το μέλι. Προσθέτουμε λίγο αλάτι και πιπέρι και το αφήνουμε σε δυνατή φωτιά. Αφήνουμε να πάρει βράση, στη συνέχεια χαμηλώνουμε τη φωτιά σε δυνατή φωτιά και μαγειρεύουμε για περίπου 15 λεπτά, ανακατεύοντας κατά διαστήματα, μέχρι να μαλακώσουν τα καρότα.

c) Εν τω μεταξύ, απλώστε 6 φέτες πανσέτα σε ένα ξύλο κοπής, επικαλύπτοντάς τες ελαφρώς. Αλατοπιπερώνουμε τα στήθη φραγκόκοτας και τοποθετούμε ένα από αυτά στη μέση της πανσέτας. Τυλίξτε την πανσέτα γύρω της και επαναλάβετε αυτό το βήμα με τη δεύτερη.

d) Τοποθετούμε ένα αντικολλητικό τηγάνι σε δυνατή φωτιά. Όταν ζεσταθεί, προσθέστε το λάδι, μετά τα στήθη φραγκόκοτας και μαγειρέψτε για 2-3 λεπτά από κάθε πλευρά ή μέχρι να ροδίσει παντού η πανσέτα. Μεταφέρετε σε ένα μικρό ταψί και βάλτε το στο φούρνο για 5 λεπτά.

e) Επιστρέψτε το τηγάνι στη φωτιά, προσθέστε το ασκαλώνιο και μαγειρέψτε για 2 λεπτά ή μέχρι να μαλακώσει. Ανακατεύουμε τις μουστάρδες και τα φύλλα θυμαριού, προσθέτουμε το κρασί και το αφήνουμε να μειωθεί στο μισό σε δυνατή φωτιά.

Προσθέτουμε τον ζωμό και την κρέμα, αλατοπιπερώνουμε και μειώνουμε μέχρι να δέσει η σάλτσα.

f) Βγάζουμε τις φραγκόκοτες από το φούρνο, τις κρατάμε ζεστές και τις αφήνουμε να ξεκουραστούν για 10 λεπτά.

g) Ελέγξτε τα καρότα - πρέπει να είναι ψημένα και η σάλτσα να έχει γίνει γλάσο. Ρίχνουμε μέσα τον μαϊντανό και αποσύρουμε το τηγάνι από τη φωτιά.

h) Σερβίρετε τα στήθη φραγκόκοτας με τα γλασαρισμένα καρότα, ρίχνοντας με κουταλιές τη σάλτσα από πάνω ή σερβίροντάς τη σε μικρά συνοδευτικά.

ΣΟΥΠΕΣ

67. Σούπα κουνουπιδιού με Cheesy Toasts

Σερβίρει 4

ΣΥΣΤΑΤΙΚΑ:
- 2 κουταλιές της σούπας ελαιόλαδο
- 20 γρ βούτυρο
- 1 κρεμμύδι καθαρισμένο και ψιλοκομμένο
- 2 σκελίδες σκόρδο, ξεφλουδισμένες και κομμένες σε φέτες
- Μικρή χούφτα φύλλα φασκόμηλου
- 1 x 800 γρ κουνουπίδι
- 500 ml ζωμός κοτόπουλου ή λαχανικών
- 200 ml πλήρες γάλα
- 200ml διπλή κρέμα
- Θαλασσινό αλάτι και φρεσκοτριμμένο πιπέρι
- Για το καφέ βούτυρο
- 40 γρ βούτυρο
- 1 κουταλιά της σούπας λάδι τρούφας
- Μια χούφτα φύλλα φασκόμηλου
- Για τα τυριά τοστ
- 4 φέτες μπαγκέτας, κομμένες σε λεπτές φέτες στη διαγώνιο
- 120 γρ μείγμα τριμμένου τυριού (μοτσαρέλλα, τσένταρ, μπλε και γραβιέρα ή συνδυασμός ό,τι έχετε στο ψυγείο)

οδηγίες:
a) Προθερμάνετε τη σχάρα.
b) Βάζουμε μια μεγάλη κατσαρόλα σε μέτρια φωτιά και προσθέτουμε το λάδι και το βούτυρο. Όταν λιώσει το βούτυρο, προσθέστε το κρεμμύδι και το σκόρδο και μαγειρέψτε για 5 λεπτά. Προσθέστε τα φύλλα φασκόμηλου και μαγειρέψτε για ένα ακόμη λεπτό.
c) Εν τω μεταξύ, ετοιμάζουμε το κουνουπίδι αφαιρώντας τα φύλλα και χωρίζοντας τα μπουκετάκια. Τις κόβουμε σε μικρά κομμάτια ίδιου μεγέθους.
d) Προσθέστε το ψιλοκομμένο κουνουπίδι και τον ζωμό στο τηγάνι. Αλατοπιπερώνουμε, αφήνουμε να πάρει βράση και

σιγοβράζουμε για 5 λεπτά. Προσθέστε το γάλα και την κρέμα γάλακτος και σιγοβράστε για άλλα 8 λεπτά.

e) Εν τω μεταξύ, φτιάξτε το καφέ βούτυρο. Βάζουμε το βούτυρο σε μια μικρή κατσαρόλα και το τοποθετούμε σε δυνατή φωτιά. Όταν αρχίσει να ροδίζει, αποσύρουμε την κατσαρόλα από τη φωτιά και προσθέτουμε το λάδι τρούφας και τα φύλλα φασκόμηλου. Ανακατεύουμε καλά και αφήνουμε να κρυώσει.

f) Τώρα φτιάξτε τα τοστ. Τοποθετήστε τις φέτες μπαγκέτας σε ένα ταψί και ψήστε στη σχάρα για 2-3 λεπτά ή μέχρι να ροδίσουν ελαφρά στη μία πλευρά. Αναποδογυρίστε κάθε φέτα και μετά πασπαλίστε άφθονα με το τριμμένο τυρί. Τοποθετήστε το κάτω από τη σχάρα για άλλα 4 λεπτά ή μέχρι το τυρί να λιώσει και να ροδίσει.

g) Όταν ψηθεί το κουνουπίδι, ανακατεύουμε το μείγμα με ένα μπλέντερ μέχρι να ομογενοποιηθεί. Ελέγξτε το καρύκευμα και προσαρμόστε όπως χρειάζεται. Ρίξτε τη σούπα σε μπολ και απλώστε με κουτάλι τα φύλλα καφέ βούτυρο και φασκόμηλου. Σερβίρουμε με τις τυρώδεις φρυγανιές στο πλάι.

68. Σούπα με Noodle με κοτόπουλο και Shiitake

Σερβίρει 4

ΣΥΣΤΑΤΙΚΑ:
- 1,5 λίτρο ζωμός κοτόπουλου
- 4 μπούτια κοτόπουλου, με το δέρμα
- 12 αποξηραμένα μανιτάρια shiitake
- Κομμάτι φρέσκου τζίντζερ 2–3 cm, ξεφλουδισμένο και ξεφλουδισμένο
- 1 αστεροειδής γλυκάνισος
- 2 φρέσκα κρεμμυδάκια, κομμένα και κομμένα στη μέση
- 100 ml κρασί από ρύζι Shaoxing
- 180 γρ χυλοπίτες αυγών
- 2 κουταλιές της σούπας σάλτσα σόγιας
- 200 g choi sum
- Θαλασσινό αλάτι και αλεσμένο λευκό πιπέρι
- Για να εξυπηρετήσει
- 80 γρ βλαστάρια μπαμπού
- Ασιατικά μικροβότανα ή φύλλα κόλιανδρου
- 2 κουταλάκια του γλυκού σησαμέλαιο

οδηγίες:

a) Τοποθετήστε μια κατσαρόλα σε δυνατή φωτιά. Ρίχνουμε μέσα το ζωμό κοτόπουλου και στη συνέχεια προσθέτουμε τους μηρούς κοτόπουλου και τα μανιτάρια.

b) Προσθέστε το τζίντζερ στο τηγάνι μαζί με τον αστεροειδή γλυκάνισο, τα φρέσκα κρεμμυδάκια και το κρασί από ρύζι. Καρυκεύουμε με μια μεγάλη πρέζα θαλασσινό αλάτι και μια μικρή πρέζα λευκό πιπέρι.

c) Φέρτε τη σούπα να βράσει, αφαιρώντας τυχόν ακαθαρσίες που μπορεί να ανέβουν στην επιφάνεια. Μόλις πάρει βράση, χαμηλώνουμε τη φωτιά σε δυνατό βράσιμο και μαγειρεύουμε για 10 λεπτά.

d) Εν τω μεταξύ, βάλτε μια κατσαρόλα με νερό να βράσει. Ρίξτε σε μια καθαρή κατσαρόλα σε δυνατή φωτιά και αλατοπιπερώστε. Προσθέστε τα noodles και μαγειρέψτε για 3-4 λεπτά ή μέχρι να μαλακώσουν. Στραγγίζουμε τα noodles και τα κρατάμε κάτω από τρεχούμενο κρύο νερό μέχρι να κρυώσουν. Στραγγίζουμε ξανά και αφήνουμε στη μία πλευρά μέχρι να χρειαστεί.

e) Αφαιρέστε ένα μπούτι κοτόπουλου από το ζωμό και ελέγξτε αν έχει ψηθεί τρυπώντας το πιο χοντρό μέρος με τη μύτη ενός κοφτερό μαχαιριού. οι χυμοί πρέπει να τρέξουν καθαροί χωρίς ροζ. Αν ψηθεί, αφαιρούμε όλα τα κομμάτια κοτόπουλου και τα μανιτάρια από το ζωμό και τα βάζουμε στη μία πλευρά.

f) Με μια τρυπητή κουτάλα αφαιρούμε τον αστεροειδή γλυκάνισο, το τζίντζερ και τα φρέσκα κρεμμυδάκια από το ζωμό και τον αφήνουμε σε δυνατή φωτιά. Προσθέστε τη σάλτσα σόγιας και δοκιμάστε για καρύκευμα.

g) Κόβουμε χοντρικά το choi sum σε μήκη 7 εκ. και διαχωρίζουμε τα κοτσάνια από τα φυλλώδη μέρη. Προσθέστε τα κοτσάνια στην κατσαρόλα και αφήστε τα να ψηθούν για 2 λεπτά.

h) Αφαιρούμε την πέτσα από τους μηρούς του κοτόπουλου και κόβουμε το κρέας, πετάμε τα κόκαλα.

i) Προσθέστε το choi sum στο ζωμό και σβήστε τη φωτιά.

j) Μοιράστε τα noodles σε τέσσερα μπολ και προσθέστε από πάνω τα μανιτάρια shiitake, το κοτόπουλο και το choi sum και, στη συνέχεια, ρίξτε πάνω από το ζωμό.

k) Γαρνίρετε με τους βλαστούς μπαμπού και τα μικροβότανα και λίγο σησαμέλαιο.

69. **Σούπα σελινόριζας και μήλου με θρυμματισμένα καρύδια**

Σερβίρει 4–6

ΣΥΣΤΑΤΙΚΑ:
- 1 κρεμμύδι, ξεφλουδισμένο και χοντροκομμένο
- 1 σέλινο (600–800 γρ.), ξεφλουδισμένο και κομμένο σε κύβους
- 2 μήλα Cox's, καθαρισμένα, ξεφλουδισμένα και χοντροκομμένα
- 2 κουταλιές της σούπας ελαιόλαδο
- 1 κουταλιά της σούπας φύλλα θυμαριού
- 1 λίτρο ζωμός λαχανικών
- Θαλασσινό αλάτι και φρεσκοτριμμένο μαύρο ή άσπρο πιπέρι
- Για να εξυπηρετήσει
- Μεγάλη χούφτα καρύδια, χοντροκομμένα
- Έξτρα παρθένο ελαιόλαδο, για το ράντισμα

οδηγίες:

a) Ετοιμάζουμε το κρεμμύδι, το σελινόριζο και τα μήλα όπως αναγράφονται.

b) Τοποθετούμε μια μεγάλη κατσαρόλα σε μέτρια φωτιά και προσθέτουμε το ελαιόλαδο. Όταν ζεσταθεί, προσθέστε το κρεμμύδι με μια πρέζα αλάτι και μαγειρέψτε για 4-5 λεπτά ή μέχρι να μαλακώσει αλλά να μην πάρει χρώμα.

c) Προσθέστε το σελινόριζο, τα μήλα και τα φύλλα θυμαριού και μαγειρέψτε για 5 λεπτά.

d) Ρίχνουμε το ζωμό λαχανικών και αφήνουμε να σιγοβράσει. Συνεχίζουμε το βράσιμο για άλλα 5 λεπτά ή μέχρι να μαλακώσει το σελινόριζα.

e) Αποσύρετε το τηγάνι από τη φωτιά και χρησιμοποιήστε ένα μπλέντερ για να ανακατέψετε καλά. Αλατοπιπερώνουμε, δοκιμάζουμε και προσθέτουμε κι άλλο καρύκευμα όσο χρειάζεται.

f) Ρίξτε σε ζεστά μπολ, σκορπίστε τα ψιλοκομμένα καρύδια και περιχύστε με λίγο έξτρα παρθένο ελαιόλαδο πριν το σερβίρετε.

70. <u>Σούπα με μπαχαρικά σκουός και φακές</u>

Σερβίρει 4

ΣΥΣΤΑΤΙΚΑ:

- 1 κουταλιά της σούπας ελαφρύ ελαιόλαδο
- 40 γρ βούτυρο
- 1 κρεμμύδι, ξεφλουδισμένο και κομμένο σε κύβους
- 1 κουταλάκι του γλυκού σπόροι κύμινου
- 4 σκελίδες σκόρδο, καθαρισμένες
- Κομμάτι φρέσκου τζίντζερ 5 εκατοστών, ξεφλουδισμένο
- 2 κόκκινα τσίλι, ξεσποριασμένα αν θέλετε πιο ήπιο χτύπημα
- 1 κουταλάκι του γλυκού ήπιο κάρυ σε σκόνη 1 κιλό κολοκύθα βουτύρου
- 1,2 λίτρα ζωμός κοτόπουλου ή λαχανικών
- 250 γρ κόκκινες φακές
- 250 ml κρέμα καρύδας
- Θαλασσινό αλάτι και φρεσκοτριμμένο μαύρο πιπέρι
- Για γαρνίρισμα
- 2 κουταλιές της σούπας ελαφρύ ελαιόλαδο
- 1 κουταλάκι του γλυκού σπόροι κύμινου
- Μεγάλη χούφτα φρέσκα φύλλα κάρυ
- ½ κουταλάκι του γλυκού ήπια σκόνη κάρυ
- 1 κόκκινο τσίλι, ξεσποριασμένο αν θέλετε πιο ήπιο χτύπημα, κομμένο σε λεπτές φέτες

οδηγίες:
a) Ζεσταίνουμε το λάδι και το βούτυρο σε μια μεγάλη κατσαρόλα σε μέτρια φωτιά. Όταν λιώσει το βούτυρο, προσθέστε το κρεμμύδι και τους σπόρους κύμινου και μαγειρέψτε για 2-3 λεπτά.
b) Εν τω μεταξύ, τοποθετήστε το σκόρδο, το τζίντζερ και τα τσίλι σε ένα μικρό πολυμηχάνημα και ανακατέψτε σε μια πάστα. Προσθέστε το στο τηγάνι μαζί με τη σκόνη κάρυ και μαγειρέψτε για άλλα 2-3 λεπτά.
c) Ετοιμάζουμε τα κολοκυθάκια ξεφλουδίζοντας τη φλούδα και αφαιρώντας όλους τους σπόρους με ένα κουτάλι. Κόβουμε τη

σάρκα σε κύβους 1 εκ. και την προσθέτουμε στο τηγάνι μαζί με τον ζωμό. Δυναμώνουμε τη φωτιά και αφήνουμε να πάρει βράση.

d) Προσθέστε τις φακές και μαγειρέψτε για 10 λεπτά.

e) Βάλτε την κρέμα καρύδας σε ένα μικρό μπολ και χτυπήστε μέχρι να ομογενοποιηθεί. Κρατήστε 6 κουταλιές της σούπας για το γαρνίρισμα και προσθέστε τις υπόλοιπες στο τηγάνι. Μαγειρέψτε σε δυνατή φωτιά, μέχρι να μαλακώσει η κολοκύθα και να ψηθούν οι φακές.

f) Όσο ψήνεται η σούπα, ζεσταίνουμε το λάδι για το γαρνίρισμα σε ένα μικρό τηγάνι. Όταν ζεσταθεί, προσθέστε τους σπόρους κύμινου, τα φύλλα κάρυ και τη σκόνη κάρυ. Ανακατεύουμε καλά και μετά αποσύρουμε το τηγάνι από τη φωτιά.

g) Χρησιμοποιώντας ένα μπλέντερ, ανακατέψτε τη σούπα μέχρι να ομογενοποιηθεί, στη συνέχεια αλατοπιπερώστε και ρίξτε την κουτάλα σε ατομικά μπολ. Περιχύστε με την κρατημένη κρέμα καρύδας και το λάδι κάρυ. Πασπαλίστε με μερικές φέτες κόκκινο τσίλι πριν το σερβίρετε.

ΖΥΜΑΡΙΚΑ ΚΑΙ ΣΙΚΗΡΑ

71. <u>Cacio e Pepe με πατατάκια παρμεζάνας</u>

Σερβίρει 2

ΣΥΣΤΑΤΙΚΑ:

- 60 γρ τυρί παρμεζάνα, ψιλοτριμμένη
- 200 γρ βουκατίνι
- 1 ½ κουταλάκι του γλυκού κόκκους μαύρου πιπεριού
- 100 γρ βούτυρο
- 20 γρ τυρί πεκορίνο, ψιλοτριμμένο
- Θαλασσινό αλάτι

οδηγίες:

a) Προθερμαίνουμε τον φούρνο στους 200°C/180°C ανεμιστήρα/Αέριο 6. Στρώνουμε ένα ταψί με χαρτί ψησίματος.

b) Για να φτιάξετε τα πατατάκια, παίρνετε τη μισή παρμεζάνα και τη βάζετε σε τέσσερις ίσους σωρούς στο έτοιμο ταψί. Τοποθετήστε το σε ψηλό ράφι στο φούρνο για 10-12 λεπτά ή μέχρι να ροδίσει η παρμεζάνα. Αφήνω στην άκρη.

c) Φέρτε ένα μπρίκι με νερό να βράσει. Μισογεμίζουμε μια κατσαρόλα με αυτό, αλατίζουμε και ξαναβράζουμε. (Είναι σημαντικό να προσθέσετε τόσο νερό όσο να καλύψει τα ζυμαρικά, ώστε το νερό να γίνει όσο το δυνατόν πιο αμυλώδες.) Προσθέστε τα ζυμαρικά, ανακατέψτε καλά και μαγειρέψτε για 10 λεπτά ή μέχρι al dente.

d) Εν τω μεταξύ, φρυγανίζουμε τους κόκκους πιπεριού σε στεγνό τηγάνι μέχρι να αρωματιστούν. Με γουδοχέρι και γουδί τα τρίβουμε χοντροκομμένα.

e) Βάζουμε ένα μεγάλο τηγάνι σε μέτρια φωτιά και λιώνουμε το βούτυρο. Προσθέστε το αλεσμένο πιπέρι και αφήστε το βούτυρο να αφρίσει, μετά προσθέστε μια κουτάλα από το νερό των ζυμαρικών και αφήστε το να πάρει βράση. Ανακινήστε το τηγάνι ή χτυπήστε ελαφρά το περιεχόμενο για να γαλακτωματοποιηθεί η σάλτσα.

f) Βγάζουμε τα ζυμαρικά από το νερό με λαβίδες και τα προσθέτουμε στο τηγάνι με μια δεύτερη κουτάλα από το νερό και την υπόλοιπη παρμεζάνα. Ανακατεύουμε καλά να επικαλυφθούν και προσθέτουμε περισσότερο νερό για τα ζυμαρικά αν χρειάζεται.

g) Προσθέστε το πεκορίνο και το αλάτι, ανακατεύοντας το τηγάνι να ενωθούν.

h) Σερβίρουμε σε μπολ με τα πατατάκια παρμεζάνας θρυμματισμένα από πάνω.

72. <u>Ντομάτα, Mascarpone και Pancetta Rigatoni</u>

Σερβίρει 4

ΣΥΣΤΑΤΙΚΑ:

- 3 κουταλιές της σούπας ελαιόλαδο
- 250 γραμμάρια πανσέτα ή καπνιστό μπέικον
- 1 μεγάλο κρεμμύδι, ξεφλουδισμένο και κομμένο σε κύβους
- 3 σκελίδες σκόρδο καθαρισμένες και ψιλοκομμένες
- 1 κουταλάκι του γλυκού ιταλικό καρύκευμα
- 100 γρ ντοματίνια ρουζ, χοντροκομμένα
- 1 x 400g κονσέρβα ντομάτες ψιλοκομμένες
- 200 ml ζωμός κοτόπουλου
- 200 γρ τυρί μασκαρπόνε
- 400 γρ ριγκατόνι
- 20 γρ τυρί παρμεζάνα, ψιλοτριμμένη, συν επιπλέον για σερβίρισμα
- Μικρή χούφτα φύλλα βασιλικού, χοντροκομμένα
- Θαλασσινό αλάτι και φρεσκοτριμμένο μαύρο πιπέρι

οδηγίες:

a) Τοποθετούμε ένα μεγάλο τηγάνι σε μέτρια προς δυνατή φωτιά και προσθέτουμε το λάδι. Όταν ζεσταθεί, προσθέστε την πανσέτα και μαγειρέψτε για 3-4 λεπτά ή μέχρι να γίνει τραγανή και να ροδίσει. Βγάζετε μια μεγάλη κουταλιά από το τηγάνι και την στραγγίζετε σε χαρτί κουζίνας και μετά τη βάζετε στη μία πλευρά για να τη χρησιμοποιήσετε ως γαρνιτούρα.

b) Προσθέστε το κρεμμύδι στο τηγάνι και μαγειρέψτε μέχρι να μαλακώσει, στη συνέχεια προσθέστε το σκόρδο και μαγειρέψτε για 2 λεπτά.

c) Προσθέστε το ιταλικό καρύκευμα, και τις δύο πολλές ντομάτες, το ζωμό κοτόπουλου και το μασκαρπόνε. Αφήνουμε να σιγοβράσει ελαφρά και μαγειρεύουμε για 10 λεπτά ή μέχρι να πήξει ελαφρώς.

d) Εν τω μεταξύ, βάλτε μια κατσαρόλα με νερό να βράσει. Ρίχνουμε σε μια κατσαρόλα, αλατοπιπερώνουμε και ξαναβράζουμε. Προσθέστε τα ζυμαρικά, στη συνέχεια ανακατέψτε και μαγειρέψτε για 10 λεπτά, ή μέχρι al dente. Στραγγίζουμε τα ζυμαρικά κρατώντας το νερό.

e) Προσθέτουμε τα ζυμαρικά στη σάλτσα και ανακατεύουμε καλά να επικαλυφθούν. Προσθέστε μια κουτάλα από το νερό των ζυμαρικών, αν χρειάζεται. Αλατοπιπερώστε κατά βούληση, προσθέστε την παρμεζάνα και τον βασιλικό και ανακατέψτε ξανά.

f) Σερβίρουμε σε ζεστά μπολ και πασπαλίζουμε με την κρατημένη πανσέτα και λίγη ακόμα παρμεζάνα.

73. Linguine Vongole με Nduja και Cherry Tomatoes

Σερβίρει 4

ΣΥΣΤΑΤΙΚΑ:
- 200 ml λευκό ξηρό κρασί
- 1,5 κιλό μύδια, ξεπλυμένα και τυχόν κλειστά πεταμένα
- 3 κουταλιές της σούπας ελαιόλαδο
- 2 ασκαλώνια μπανάνας, ξεφλουδισμένα και κομμένα σε κύβους
- 6 σκελίδες σκόρδο, καθαρισμένες και κομμένες σε λεπτές φέτες
- 80 γρ λουκάνικο nduja
- 250 γρ ντοματίνια baby plum, κομμένα στη μέση
- 400 γρ λιγκουίνι
- 2 μικρές χούφτες μαϊντανός πλατύφυλλος, ψιλοκομμένος, συν επιπλέον για σερβίρισμα
- Θαλασσινό αλάτι και φρεσκοτριμμένο μαύρο πιπέρι

οδηγίες:
a) Τοποθετήστε μια κατσαρόλα που να έχει κλειστό καπάκι σε δυνατή φωτιά μέχρι να κάψει. Εν τω μεταξύ, στρώστε ένα τρυπητό με μουσελίνα ή ένα νέο πανί J και βάλτε το πάνω από ένα άλλο ταψί.

b) Ρίξτε το κρασί στο τηγάνι, προσθέστε τις αχιβάδες, στη συνέχεια σκεπάστε με το καπάκι και μαγειρέψτε για 3-4 λεπτά, μέχρι να ανοίξουν οι αχιβάδες. Στραγγίστε μέσα από το έτοιμο τρυπητό.

c) Βάλτε ένα μεγάλο τηγάνι σε μέτρια φωτιά, προσθέστε το ελαιόλαδο και τα ασκαλώνια και μαγειρέψτε για 2 λεπτά. Προσθέστε το σκόρδο και μαγειρέψτε για άλλα 2 λεπτά.

d) Δυναμώνουμε τη φωτιά, προσθέτουμε το nduja και το σπάμε με ένα κουτάλι. Μαγειρέψτε για άλλα 2 λεπτά, στη συνέχεια ρίξτε το λικέρ αχιβάδας και μαγειρέψτε για 5 λεπτά, πριν προσθέσετε τις ντομάτες.

e) Βράζουμε ένα μπρίκι με νερό, το ρίχνουμε σε μια κατσαρόλα, αλατίζουμε και το ξαναβράζουμε. Προσθέστε τα ζυμαρικά και μαγειρέψτε για 10 λεπτά, ή μέχρι al dente.

f) Ενώ η σάλτσα σιγοβράζει και τα ζυμαρικά ψήνονται, μαζέψτε το κρέας από όλες τις αχιβάδες εκτός από μια ντουζίνα.

g) Όταν τα ζυμαρικά είναι έτοιμα, τα στραγγίζουμε σε ένα σουρωτήρι, κρατώντας το νερό του ψησίματος. Προσθέστε τα ζυμαρικά στη σάλτσα μαζί με μια κουτάλα από το κρατημένο νερό, το κρέας αχιβάδας και τον μαϊντανό. Ανακατεύουμε καλά το τηγάνι για να αλείψουν τα ζυμαρικά με τη σάλτσα.

h) Αλατοπιπερώστε κατά βούληση και μετά σερβίρετε σε ζεστά μπολ, γαρνίροντας με τις αχιβάδες στο κέλυφός τους και λίγο επιπλέον μαϊντανό.

74. Σπαγγέτι με καβούρι και κολοκυθάκια

Σερβίρει 2

- 200 γρ μακαρόνια
- 2 κουταλιές της σούπας ελαιόλαδο
- 1 εσαλότ μπανάνας, ξεφλουδισμένη και ψιλοκομμένη
- 3 σκελίδες σκόρδο, καθαρισμένες και κομμένες σε λεπτές φέτες
- 1 μακρύ κόκκινο τσίλι, ξεσποριασμένο αν θέλετε πιο ήπιο χτύπημα, ψιλοκομμένο
- 50 ml λευκό ξηρό κρασί
- 300 γρ κολοκυθάκια, τριμμένα ή ζουλιέν
- 50 γρ κρέας καβουριού
- 100 γραμμάρια κρέμα γάλακτος
- 150 γρ κρέας λευκού καβουριού
- Ξύσμα από 1 λεμόνι
- 2 κουταλιές της σούπας χοντροκομμένο άνηθο
- 40 γρ βούτυρο κομμένο σε κύβους
- Θαλασσινό αλάτι και φρεσκοτριμμένο μαύρο πιπέρι

οδηγίες:

a) Φέρτε ένα μπρίκι με νερό να βράσει. Ρίχνουμε σε μια κατσαρόλα, αλατοπιπερώνουμε και ξαναβράζουμε. Προσθέστε τα ζυμαρικά και μαγειρέψτε για 10 λεπτά, ή μέχρι al dente.

b) Εν τω μεταξύ, τοποθετήστε ένα μεγάλο, αντικολλητικό τηγάνι σε μέτρια προς δυνατή φωτιά και προσθέστε το λάδι. Όταν ζεσταθεί, προσθέτουμε το ασκαλότ και μαγειρεύουμε για 2 λεπτά.

c) Προσθέστε το σκόρδο και το τσίλι και μαγειρέψτε για άλλα 2 λεπτά. Ρίξτε το λευκό κρασί, στη συνέχεια δυναμώστε τη φωτιά και μαγειρέψτε μέχρι να μειωθεί στο μισό το κρασί.

d) Προσθέστε τα κολοκυθάκια, το καστανό κρέας καβουριών και την κρέμα φραίσ και ανακατέψτε καλά.

e) Στραγγίζουμε τα μακαρόνια κρατώντας το νερό. Προσθέστε τα ζυμαρικά στο τηγάνι μαζί με μισή κουτάλα από το νερό του ψησίματος, το κρέας από λευκό καβούρι, το ξύσμα λεμονιού, τον μισό άνηθο και το βούτυρο και μαγειρέψτε για 1 λεπτό. Ρίξτε τα ζυμαρικά για να βεβαιωθείτε ότι έχουν καλυφθεί καλά με τη σάλτσα και αλατοπιπερώστε τα κατά βούληση.

f) Σερβίρουμε σε μπολ πασπαλίζοντας με τον υπόλοιπο άνηθο.

75. <u>Farfalle με καφέ βούτυρο, αρακά και φασκόμηλο</u>

Σερβίρει 4

ΣΥΣΤΑΤΙΚΑ:
- 400 γρ φαρφάλε
- 250 γραμμάρια φρέσκου αρακά
- 80 γρ τυρί παρμεζάνα, τριμμένη, συν επιπλέον για σερβίρισμα
- Θαλασσινό αλάτι και φρεσκοτριμμένο μαύρο πιπέρι
- Για το καφέ βούτυρο
- 200 γρ βούτυρο
- Μεγάλη χούφτα φύλλα φασκόμηλου
- 3 σκελίδες σκόρδο καθαρισμένες και ψιλοκομμένες

οδηγίες:
a) Φέρτε ένα μπρίκι με νερό να βράσει. Μισογεμίζουμε μια κατσαρόλα με αυτό, αλατίζουμε και ξαναβράζουμε. (Είναι σημαντικό να προσθέσετε τόσο νερό όσο να καλύψει τα ζυμαρικά, ώστε το νερό να γίνει όσο το δυνατόν πιο αμυλώδες.) Προσθέστε τα ζυμαρικά, ανακατέψτε καλά και μαγειρέψτε για 10 λεπτά ή μέχρι al dente.
b) Εν τω μεταξύ, βάζετε το βούτυρο σε ένα τηγάνι και το βάζετε σε δυνατή φωτιά. Όταν αρχίσει να ροδίζει, αποσύρουμε από τη φωτιά, προσθέτουμε τα φύλλα φασκόμηλου και το σκόρδο και ανακατεύουμε καλά.
c) Στραγγίζουμε τα ζυμαρικά, κρατώντας το νερό του ψησίματος.
d) Ρίξτε μια κουτάλα από το νερό που κρατήσαμε στο τηγάνι και προσθέστε τον αρακά. Επιστρέψτε το τηγάνι στη φωτιά και μαγειρέψτε για 1-2 λεπτά, ανακατεύοντας συνεχώς.
e) Προσθέτουμε τα ζυμαρικά και την παρμεζάνα και ανακατεύουμε καλά. Προσθέστε λίγο ακόμα νερό στα ζυμαρικά, αν χρειάζεται, και αλατοπιπερώστε κατά βούληση.
f) Σερβίρετε σε ζεστά μπολ με λίγο μαύρο πιπέρι και έξτρα παρμεζάνα πασπαλισμένη από πάνω.

76. Ταλιατέλες πορτσίνι με κουκουνάρι

Σερβίρει 2

ΣΥΣΤΑΤΙΚΑ:

- 15 γρ αποξηραμένα μανιτάρια πορτσίνι
- 200 γρ ταλιατέλες
- 30 γρ κουκουνάρι
- 1 κουταλιά της σούπας ελαιόλαδο
- 60 γρ βούτυρο
- 1 εσαλότ μπανάνας, ξεφλουδισμένη και ψιλοκομμένη
- 2 σκελίδες σκόρδο, καθαρισμένες και ψιλοκομμένες
- 100 ml λευκό ξηρό κρασί
- 200 γραμμάρια φρέσκα μανιτάρια, ιδανικά πορτσίνι ή άγρια, κομμένα σε φέτες
- 2 κουταλιές της σούπας εστραγκόν ψιλοκομμένο
- 25 γρ τυρί παρμεζάνα, ψιλοτριμμένη, συν επιπλέον για σερβίρισμα
- 1 κουταλιά της σούπας μαϊντανός πλατύφυλλος, χοντροκομμένος
- 3 κουταλιές της σούπας crème fraîche
- Θαλασσινό αλάτι και φρεσκοτριμμένο μαύρο πιπέρι

οδηγίες:

a) Φέρτε ένα μπρίκι με νερό να βράσει. Βάλτε τα αποξηραμένα πορτσίνι σε ένα μικρό, ανθεκτικό στη θερμότητα μπολ και προσθέστε αρκετό βραστό νερό για να τα σκεπάσει. Σκεπάζουμε με μεμβράνη και αφήνουμε στην άκρη.

b) Ρίχνουμε το υπόλοιπο βραστό νερό σε μια κατσαρόλα, προσθέτουμε λίγο αλάτι και ξαναβράζουμε. Προσθέστε τα ζυμαρικά και μαγειρέψτε για 7-10 λεπτά, ή μέχρι al dente.

c) Εν τω μεταξύ, βάζετε τα κουκουνάρια σε ένα στεγνό τηγάνι και τα βάζετε σε μέτρια φωτιά, ανακινώντας το τηγάνι μέχρι να ψηθούν ελαφρά. Αφήστε στην άκρη μέχρι να χρειαστεί.

d) Σε ένα τηγάνι βάζετε το ελαιόλαδο και το μισό βούτυρο και το αφήνετε σε χαμηλή φωτιά. Όταν λιώσει το βούτυρο, προσθέστε το ασκαλώνιο και μαγειρέψτε απαλά για 2-3 λεπτά. Προσθέστε το σκόρδο και μαγειρέψτε απαλά για άλλα 2 λεπτά.

e) Δυναμώνουμε τη φωτιά, προσθέτουμε το λευκό κρασί και το αφήνουμε να μειωθεί στο μισό.

f) Στραγγίστε το υγρό από τα μουλιασμένα πορτσίνι απευθείας στο τηγάνι, στη συνέχεια ψιλοκόψτε τα ενυδατωμένα μανιτάρια και προσθέστε τα κι αυτά. Όταν μειωθούν τα υγρά στο μισό, προσθέτουμε τα φρέσκα μανιτάρια και το εστραγκόν και ανακατεύουμε καλά μέχρι να μαλακώσουν τα μανιτάρια.

g) Στραγγίζουμε τα ζυμαρικά κρατώντας το νερό. Προσθέστε τα ζυμαρικά στο μείγμα των μανιταριών και, στη συνέχεια, ανακατέψτε την παρμεζάνα, τον μαϊντανό και το υπόλοιπο βούτυρο, συν λίγο από το κρατημένο νερό, αν χρειάζεται.

h) Αλατοπιπερώνετε τα ζυμαρικά κατά βούληση, ανακατεύετε με την κρεμ φρες και σερβίρετε σε μπολ, πασπαλισμένα με επιπλέον παρμεζάνα και το κουκουνάρι.

77. Orzo σαφράν με γαλοποκεφτέδες

Σερβίρει 4

ΣΥΣΤΑΤΙΚΑ:
● 500 γρ κιμά μπούτι γαλοπούλας
● 40 γρ τυρί παρμεζάνα, ψιλοτριμμένη, συν επιπλέον για σερβίρισμα
● 3 κουταλιές της σούπας μαϊντανός πλατύφυλλος, ψιλοκομμένος
● Ξύσμα από 1 λεμόνι
● 1 αυγό ελαφρά χτυπημένο
● 50 γρ φρέσκια φρυγανιά
● 50 γρ αλεύρι απλό
● 1 κουταλιά της σούπας ελαιόλαδο
● 220 ml ζωμός κοτόπουλου
● Θαλασσινό αλάτι και φρεσκοτριμμένο μαύρο πιπέρι
● Για το κρόκο οζό
● 80 γρ βούτυρο
● 2 ασκαλώνια μπανάνας, ξεφλουδισμένα και κομμένα σε κύβους
● 2 σκελίδες σκόρδο, καθαρισμένες και ψιλοκομμένες
● Πρέζα αλεσμένο σαφράν
● 1 λίτρο ζωμός κοτόπουλου
● 400 γρ ορζο
● 2 κουταλιές της σούπας ψιλοκομμένα φύλλα ρίγανης
● 20 γρ τυρί παρμεζάνα, ψιλοτριμμένη

οδηγίες:
a) Σε ένα μεγάλο μπολ βάζουμε τον κιμά γαλοπούλας, την παρμεζάνα, τον μαϊντανό, το ξύσμα λεμονιού, το αυγό και την τριμμένη φρυγανιά και αλατοπιπερώνουμε. Ανακατεύουμε καλά και μοιράζουμε σε 24 κεφτεδάκια σε μέγεθος καρυδιού. Τοποθετούμε στο ψυγείο μέχρι να χρειαστεί.
b) Για να φτιάξετε το όρτζο, λιώστε το μισό βούτυρο σε ένα μεγάλο τηγάνι σε μέτρια φωτιά. Προσθέστε τα ασκαλώνια και

μαγειρέψτε για 2 λεπτά, στη συνέχεια προσθέστε το σκόρδο και μαγειρέψτε για άλλα 2 λεπτά.

c) Προσθέτουμε το σαφράν και το λίτρο ζωμού και αφήνουμε να πάρει βράση. Ρίξτε το όρτζο και μαγειρέψτε για 10 λεπτά, ή μέχρι al dente, ανακατεύοντας κατά διαστήματα.

d) Βγάζουμε τα κεφτεδάκια από το ψυγείο και τα αλείφουμε ελαφρά το καθένα με το αλεύρι. Τοποθετήστε ένα μεγάλο αντικολλητικό τηγάνι σε δυνατή φωτιά. Όταν ζεσταθεί, ρίχνουμε το ελαιόλαδο, προσθέτουμε τα κεφτεδάκια και μαγειρεύουμε μέχρι να ροδίσουν παντού.

e) Ρίξτε το ζωμό 220 ml στο τηγάνι, αφήστε να σιγοβράσει και μαγειρέψτε τα κεφτεδάκια απαλά για άλλα 5 λεπτά ή μέχρι να ψηθούν και να δέσει η σάλτσα.

f) Όταν το όρτζο είναι έτοιμο, ανακατεύουμε μέσα τη ρίγανη και μετά προσθέτουμε την παρμεζάνα και τα υπόλοιπα 40 γρ βούτυρο. Αλατοπιπερώνετε κατά βούληση και σερβίρετε σε ζεστά μπολ με τους κεφτέδες γαλοπούλας και λίγη επιπλέον παρμεζάνα από πάνω.

78. Κορεάτικο ρύζι με γαρίδα τηγανητό

Σερβίρει 4

ΣΥΣΤΑΤΙΚΑ:

- 2 αυγά ελαφρά χτυπημένα
- 2 κουταλιές της σούπας φυτικό λάδι
- 2 κουταλιές της σούπας σησαμέλαιο
- 400 γρ αποφλοιωμένες ωμές γαρίδες τίγρης, κομμένες στη μέση κατά μήκος
- 2 κουταλιές της σούπας πάστα τσίλι gochujang
- 3 πακέτα x 250g με έτοιμο μαγειρεμένο μακρόσκοκο και άγριο ρύζι
- 2 κουταλιές της σούπας σάλτσα σόγιας
- 1 κουταλιά της σούπας σάλτσα ψαριού
- 2 μεγάλες χούφτες φύτρα φασολιών
- 150 γραμμάρια κατεψυγμένα μπιζέλια
- Θαλασσινό αλάτι και αλεσμένο λευκό πιπέρι
- Για να εξυπηρετήσει
- 100 γραμμάρια kimchi, χοντροκομμένα
- 1 κουταλάκι του γλυκού μαύρο σουσάμι
- Μεγάλη χούφτα τραγανά τηγανητά κρεμμύδια (διατίθεται από τα σούπερ μάρκετ)
- 4 φρέσκα κρεμμυδάκια, κομμένα και κομμένα σε λεπτές φέτες υπό γωνία
- Σάλτσα τσίλι Sriracha

οδηγίες:

a) Τοποθετήστε ένα μεγάλο, αντικολλητικό γουόκ σε δυνατή φωτιά. Αλατοπιπερώνουμε τα αυγά.

b) Προσθέστε τα μισά από τα δύο λάδια στο τηγάνι, ανακατέψτε για να καλυφθούν και μετά ρίξτε τα αυγά. Μαγειρέψτε για 1 λεπτό, ανακατεύοντας απαλά για να σπάσουν σε κομμάτια και μετά σύρετέ τα σε ένα πιάτο.

c) Επαναφέρετε το γουόκ σε δυνατή φωτιά. Όταν ζεσταθεί, προσθέστε τα υπόλοιπα λάδια, μετά τις γαρίδες και ανακατέψτε για 1-2 λεπτά. Προσθέστε την πάστα gochujang και ανακατέψτε καλά.

d) Προσθέστε το ρύζι, τη σάλτσα σόγιας και τη σάλτσα ψαριού και ανακατέψτε για άλλα 2-3 λεπτά. Επιστρέψτε τα αυγά στο τηγάνι, προσθέστε τα φύτρα φασολιών και τον αρακά και στη συνέχεια τηγανίστε για άλλα 2-3 λεπτά.

e) Σερβίρετε το ρύζι σε ζεστά μπολ, γαρνίροντας με το kimchi, το σουσάμι, τα τραγανά τηγανητά κρεμμύδια, τα φρέσκα κρεμμυδάκια και λίγο sriracha

ΣΑΛΑΤΕΣ ΚΑΙ ΠΛΕΥΡΕΣ

79. Φύτρα με πράσινα φασόλια

ΣΥΣΤΑΤΙΚΑ:

● 600 γρ λαχανάκια Βρυξελλών, κομμένα στα τέσσερα και κομμένα.

● 600 γρ φασολάκια.

● 1 κουταλιά της σούπας ελαιόλαδο.

● Ξύσμα και χυμός 1 λεμόνι.

● 4 κουταλιές της σούπας φρυγανισμένο κουκουνάρι.

ΟΔΗΓΙΕΣ:

a) Μαγειρέψτε για μερικά δευτερόλεπτα, στη συνέχεια προσθέστε τα λαχανικά και ανακατέψτε για 3-4 λεπτά μέχρι να πάρουν λίγο χρώμα τα φύτρα.

b) Προσθέστε μια στύψα από χυμό λεμονιού και αλάτι και πιπέρι για γεύση.

80. Μανιτάρι πιλάφι

Κάνει 2

ΣΥΣΤΑΤΙΚΑ:
- 1 φλιτζάνι σπόροι κάνναβης
- 2 κουταλιές της σούπας λάδι καρύδας
- 3 μέτρια μανιτάρια, κομμένα σε κύβους
- ¼ φλιτζάνι αμύγδαλα κομμένα σε φέτες
- ½ φλιτζάνι Ζωμός λαχανικών
- ½ κουταλάκι του γλυκού σκόνη σκόρδου
- ¼ κουταλάκι του γλυκού αποξηραμένος μαϊντανός
- Αλάτι και πιπέρι για να γευτείς

ΟΔΗΓΙΕΣ:

a)   Ζεσταίνουμε το λάδι καρύδας σε ένα τηγάνι σε μέτρια φωτιά και το αφήνουμε να βράσει. Προσθέστε τα αμύγδαλα και τα μανιτάρια σε φέτες στο τηγάνι μόλις αρχίσει να βγάζει φουσκάλες.

b)   Προσθέστε σπόρους κάνναβης στο τηγάνι αφού μαλακώσουν τα μανιτάρια. Ανακατέψτε τα πάντα καλά.

c)   Προσθέστε το ζωμό και τα καρυκεύματα.

d)   Χαμηλώνουμε τη φωτιά σε μέτρια προς χαμηλή και αφήνουμε τον ζωμό να μουλιάσει και να σιγοβράσει.

81. Τηγανητά φύτρα λάχανου

Κάνει 2

ΣΥΣΤΑΤΙΚΑ:

- ½ σακουλάκι Λαχανάκια λαχανίδας
- Λάδι για τηγάνισμα
- Αλάτι και πιπέρι για να γευτείς

ΟΔΗΓΙΕΣ:

a)   Σε μια φριτέζα με λίπος ζεσταίνουμε το λάδι μέχρι να ζεσταθεί.

b)   Τοποθετήστε τα φύτρα του λάχανου στο καλάθι της φριτέζας.

c)   Συνεχίστε να μαγειρεύετε τα φύτρα του λάχανου μέχρι να ροδίσουν οι άκρες του βολβού και τα φύλλα να γίνουν σκούρα πράσινα.

d)   Αφαιρέστε από το καλάθι και στραγγίστε το περιττό λίπος σε απορροφητικό χαρτί.

e)   Προσθέστε αλάτι και πιπέρι κατά βούληση και απολαύστε!

82. Ψητά λαχανικά

Κάνει 6 μερίδες

ΣΥΣΤΑΤΙΚΑ:
- 2 μέτρια κολοκυθάκια
- μανιτάρια 8 ουγγιών
- 2 πιπεριές
- 4 κουταλιές της σούπας λάδι αβοκάντο
- ½ κουταλάκι του γλυκού αποξηραμένη ρίγανη
- ½ κουταλάκι του γλυκού αποξηραμένος βασιλικός
- ¼ κουταλάκι του γλυκού σκόνη σκόρδου
- ½ κουταλάκι του γλυκού αποξηραμένο δεντρολίβανο

ΟΔΗΓΙΕΣ:

a)   Συνδυάστε το λάδι με τα αποξηραμένα μπαχαρικά. Προσθέστε μια πρέζα αλάτι και πιπέρι.

b)   Ρίξτε τα λαχανικά με τη μαρινάδα και αφήστε τα για 10 λεπτά ή περισσότερο όσο ζεσταίνετε το μπάρμπεκιου.

c)   BBQ τα λαχανικά σε αρκετά ζεστή φωτιά. Μαγειρέψτε τα λαχανικά μέχρι να γίνουν τρυφερά και σερβίρετε!

83.   Ανάμικτη πράσινη σαλάτα

Κάνει 1

ΣΥΣΤΑΤΙΚΑ:
Σαλάτα
- 2 ουγγιές μικτά χόρτα
- 3 κουταλιές της σούπας κουκουνάρι ή αμύγδαλο, καβουρδισμένα
- 2 κουταλιές της σούπας προτιμώμενη βινεγκρέτ
- 2 κουταλιές της σούπας ξυρισμένη παρμεζάνα
- 1 αβοκάντο, το κουκούτσι και το δέρμα αφαιρεθεί και κομμένο σε φέτες
- Αλάτι και πιπέρι για να γευτείς

ΟΔΗΓΙΕΣ:
a)   Για το σερβίρισμα: Ρίξτε τα χόρτα με το κουκουνάρι και τη βινεγκρέτ.
b)   Αλατοπιπερώνουμε κατά βούληση και γαρνίρουμε με ξυρίσματα παρμεζάνας.
c)   Απολαμβάνω.

84. Σαλάτα tofu και bok choy

Κάνει 3

ΣΥΣΤΑΤΙΚΑ:
- 15 ουγγιές Εξαιρετικά σκληρό τόφου
- 9 ουγγιές Bok Choy

Μαρινάδα
- 1 κουταλιά της σούπας σάλτσα σόγιας
- 1 κουταλιά της σούπας σησαμέλαιο
- 1 κουταλιά της σούπας Νερό
- 2 κουταλάκια του γλυκού Σκόρδο ψιλοκομμένο
- Χυμός ½ λεμόνι

Σάλτσα
- 1 κοτσάνι Πράσινο κρεμμύδι
- 2 κουταλιές της σούπας κόλιανδρο, ψιλοκομμένο
- 3 κουταλιές της σούπας λάδι καρύδας
- 2 κουταλιές της σούπας σάλτσα σόγιας
- 1 κουταλιά της σούπας Sriracha
- 1 κουταλιά της σούπας φυστικοβούτυρο
- Χυμός ½ λάιμ
- 7 σταγόνες Υγρή Στέβια

ΟΔΗΓΙΕΣ:
a) Προθερμαίνουμε το φούρνο στους 350 βαθμούς Φαρενάιτ. Σε ένα μπολ ανακατεύουμε όλα τα υλικά της μαρινάδας (σάλτσα σόγιας, σησαμέλαιο, νερό, σκόρδο και λεμόνι).

b) Κόβουμε το τόφου σε τετράγωνα κομμάτια και το συνδυάζουμε με τη μαρινάδα σε πλαστική σακούλα. Μαρινάρετε για 10 λεπτά ή περισσότερο.

c) Αφαιρέστε το Tofu και ψήστε για 15 λεπτά σε ένα ταψί. Σε ένα ταψί ανακατεύουμε όλα τα υλικά της σάλτσας.

d) Αφαιρέστε το τόφου από το φούρνο και συνδυάστε το τόφου, το μποκ τσόι και τη σάλτσα σε μια σαλατιέρα.

85. Ταϊλανδέζικη σαλάτα κινόα

Για τη σαλάτα:

● ½ φλιτζάνι μαγειρεμένη κινόα χρησιμοποίησα έναν συνδυασμό κόκκινου και λευκού.

● 3 κουταλιές της σούπας τριμμένο καρότο.

● 2 κουταλιές της σούπας κόκκινο πιπέρι, προσεκτικά κομμένο σε φέτες.

● 3 κουταλιές της σούπας αγγούρι, κομμένο σε φέτες.

● Εάν καταψυχθεί, ½ φλιτζάνι edamame αποψυχθεί.

● 2 κρεμμυδάκια, ψιλοκομμένα.

● ¼ φλιτζάνι κόκκινο λάχανο, κομμένο σε φέτες.

● 1 κουταλιά της σούπας κόλιανδρο, προσεκτικά ψιλοκομμένο.

● 2 κουταλιές της σούπας ψημένα φιστίκια, ψιλοκομμένα (προαιρετικά).

● Για να δοκιμάσετε αλάτι.

Ταϊλανδικό ντρέσινγκ φυστικιών:

● 1 κουταλιά της σούπας κρεμώδες φυσικό φυστικοβούτυρο.

● 2 κουταλάκια του γλυκού σάλτσα σόγιας με χαμηλό αλάτι.

● 1 κουταλάκι του γλυκού ξύδι ρυζιού.

● ½ κουταλάκι του γλυκού σησαμέλαιο.

● ½ - 1 κουταλάκι του γλυκού σάλτσα sriracha (προαιρετικά).

● 1 σκελίδα σκόρδο, ψιλοκομμένη προσεκτικά.

● ½ κουταλάκι του γλυκού τριμμένο τζίντζερ.

● 1 κουταλάκι του γλυκού χυμό λεμονιού.

● ½ κουταλάκι του γλυκού νέκταρ αγαύης (ή μέλι).

ΟΔΗΓΙΕΣ:

a) Φτιάξτε ταϊλανδέζικο ντρέσινγκ με φιστίκια:

Ανακατεύουμε όλα τα υλικά για να φορέσουμε ένα μικρό μπολ και ανακατεύουμε μέχρι να ενωθούν καλά.

b) Για να φτιάξετε τη σαλάτα:

c) Ενσωματώστε την κινόα με τα λαχανικά σε ένα μπολ ανάμειξης. Συμπεριλάβετε το dressing και ανακατέψτε καλά να ενσωματωθεί.

d) Ψεκάστε από πάνω τα καβουρδισμένα φιστίκια και σερβίρετε!

86. Σαλάτα Soba Noodle, Κολοκυθάκια και Καστανές Γαρίδες

Σερβίρει 4

ΣΥΣΤΑΤΙΚΑ:

- 200 γρ noodles soba
- Αραχιδέλαιο, για περιχύσιμο
- 200 γρ σπειροειδή «κολοκυθάκια» (περίπου 2 κολοκυθάκια)
- 150 γρ μαγειρεμένες καφέ γαρίδες
- 150 γρ ντοματίνια κομμένα στη μέση
- 25 γρ σχοινόπρασο, ψιλοκομμένο
- 2 κουταλιές της σούπας σουσάμι
- Για το ντρέσινγκ ταμαρί
- ½ κουταλάκι του γλυκού μουστάρδα Dijon
- 1 ½ κουταλιά της σούπας ξύδι ρυζιού
- 1 κουταλιά της σούπας σησαμέλαιο
- 2 κουταλιές της σούπας σάλτσα σόγιας tamari
- 1 κουταλιά της σούπας mirin
- 50 ml ελαιόλαδο
- 2 εκ. κομμάτι φρέσκου τζίντζερ ρίζας, ξεφλουδισμένο και τριμμένο
- 1 σκελίδα σκόρδο, ξεφλουδισμένη και λιωμένη
- Πρέζα θαλασσινό αλάτι

οδηγίες:
a) Βράστε ένα μπρίκι με νερό και μετά ρίξτε το σε μια μεγάλη κατσαρόλα. Ξαναβράζουμε σε μέτρια προς δυνατή φωτιά, προσθέτουμε τα noodles soba και μαγειρεύουμε για 4 λεπτά. Στραγγίζουμε και ξεπλένουμε με κρύο νερό για να κρυώσουν γρήγορα τα ζυμαρικά. Στραγγίζουμε καλά και στη συνέχεια περιχύνουμε με λίγο αραχιδέλαιο για να μην κολλήσουν τα ζυμαρικά μεταξύ τους.
b) Βάζετε τα κρυωμένα νουντλς σε ένα μεγάλο μπολ και προσθέτετε το σπειροειδές κολοκυθάκι, τις γαρίδες, τις ντομάτες και το σχοινόπρασο.
Για να φτιάξετε το ντρέσινγκ, βάζετε όλα τα υλικά σε ένα μπολ και χτυπάτε να ενωθούν.
c) Ψήστε το σουσάμι σε ένα στεγνό τηγάνι για 2-3 λεπτά ή μέχρι να ροδίσουν, ανακινώντας το τηγάνι τακτικά.
Ρίξτε το ντρέσινγκ πάνω στη σαλάτα και ανακατέψτε καλά για να βεβαιωθείτε ότι όλα τα υλικά έχουν καλυφθεί καλά. Σκορπίστε πάνω από το καβουρδισμένο σουσάμι πριν το σερβίρετε

87. Σαλάτα Kale Caesar με σκόρδο κρουτόν

Σερβίρει 4

ΣΥΣΤΑΤΙΚΑ:

- 1 μεγάλη σκελίδα σκόρδο, ξεφλουδισμένη και λιωμένη
- 3 κουταλιές της σούπας ελαιόλαδο
- 2 κουταλιές της σούπας μαϊντανός πλατύφυλλος, ψιλοκομμένος
- 150 γρ ψωμί με προζύμι
- 1 κουταλιά της σούπας φυτικό λάδι
- 200 γραμμάρια καπνιστό λαρδόνια μπέικον
- 100 g ανάμεικτο λάχανο (πράσινο και μωβ, εάν υπάρχει)
- 4 μικρά πετράδια
- 100 γρ μανιτάρια κάστανο baby, κομμένα σε φέτες
- ½ κόκκινο κρεμμύδι, ξεφλουδισμένο και κομμένο σε φέτες
- 8 αντζούγιες σε ελαιόλαδο
- 40 γρ τυρί παρμεζάνα
- Θαλασσινό αλάτι και φρεσκοτριμμένο μαύρο πιπέρι
- Για το ντύσιμο
- 100 γραμμάρια γαλλικής μαγιονέζας καλής ποιότητας
- 1 μεγάλη σκελίδα σκόρδο, ξεφλουδισμένη και λιωμένη
- 20 γρ τυρί παρμεζάνα, ψιλοτριμμένη
- 1 κουταλάκι του γλυκού μουστάρδα Dijon Χυμός από ½ λεμόνι
- 8 αντζούγιες σε ελαιόλαδο (προαιρετικά)
- 1-2 κουταλιές της σούπας νερό

οδηγίες:
a) Προθερμαίνουμε τον φούρνο στους 220°C/200°C βεντιλατέρ/Αέριο 7. Στρώνουμε ένα ταψί με χαρτί ψησίματος.
b) Σε ένα μπολ βάζουμε το σκόρδο, το ελαιόλαδο και τον μαϊντανό, αλατοπιπερώνουμε και ανακατεύουμε καλά.
c) Κόψτε το προζύμι σε μικρά κομμάτια και βάλτε το στο μπολ με το σκόρδο λάδι. Ανακατεύουμε μέχρι να καλυφθεί καλά και μετά απλώνουμε το ψωμί πάνω από το έτοιμο δίσκο. Τοποθετήστε το στο φούρνο και ψήστε για 8-10 λεπτά ή μέχρι να ροδίσει.

d) Τοποθετήστε ένα μεγάλο αντικολλητικό τηγάνι σε μέτρια προς δυνατή φωτιά. Όταν ζεσταθεί, προσθέστε το φυτικό λάδι, μετά τα λαδόνια και μαγειρέψτε για 5-8 λεπτά ή μέχρι να γίνουν τραγανά.

e) Εν τω μεταξύ, φτιάχνουμε το ντρέσινγκ: βάζουμε τη μαγιονέζα, το σκόρδο, την παρμεζάνα, τη μουστάρδα και το χυμό λεμονιού σε ένα μπολ. Ψιλοκόβουμε τις αντζούγιες, τις προσθέτουμε στο μπολ και ανακατεύουμε να ενωθούν. Προσθέστε το νερό για να χαλαρώσει το ντρέσινγκ.

f) Κόψτε το λάχανο σε κομμάτια μεγέθους μπουκιάς. Κόβουμε τα μαρούλια και χωρίζουμε τα φύλλα. Κόψτε τα μεγαλύτερα φύλλα στη μέση κατά μήκος και κρατήστε τα μικρότερα ολόκληρα. Βάλτε όλα τα φύλλα σε μια σαλατιέρα με τα μανιτάρια σε φέτες και το κόκκινο κρεμμύδι.

g) Περιχύνουμε τη σαλάτα με το dressing και ανακατεύουμε καλά. Σκορπίζουμε πάνω από τα κρουτόν και τα λαρόνια μπέικον, μετά κόβουμε τις υπόλοιπες αντζούγιες στη μέση και τις απλώνουμε από πάνω (αν τις χρησιμοποιήσουμε).

Χρησιμοποιώντας έναν αποφλοιωτή λαχανικών, ξυρίστε την παρμεζάνα πάνω από τη σαλάτα πριν τη σερβίρετε.

88. Ζεστή μελιτζάνα, ντομάτα και μπουρράτα

Σερβίρει 4

ΣΥΣΤΑΤΙΚΑ:

- 3 μελιτζάνες κομμένες και κομμένες σε φέτες πάχους 1 εκ
- 4 κουταλιές της σούπας ελαιόλαδο
- 850 γρ ντομάτες κληρονομιάς, κομμένες σε φέτες πάχους 1 εκ
- 80 γρ φύλλα ρόκας
- 3 burrata
- Θαλασσινό αλάτι
- Για το ντύσιμο
- 60 ml ελαιόλαδο
- 1 εσαλότ μπανάνας, ξεφλουδισμένη και κομμένη σε κύβους
- 2 σκελίδες σκόρδο, καθαρισμένες και κομμένες σε κύβους
- 3 κλωνάρια δεντρολίβανου, φύλλα μαζεμένα και ψιλοκομμένα
- 40 ml ξύδι από κόκκινο κρασί
- ½ κουταλάκι του γλυκού νιφάδες τσίλι (προαιρετικά)
- Φρεσκοτριμμένο μαύρο πιπέρι

οδηγίες:
a) Τοποθετήστε ένα ταψί σε δυνατή φωτιά.
b) Αλείψτε κάθε φέτα μελιτζάνας με λίγο ελαιόλαδο και πασπαλίστε με αλάτι. Απλώστε μερικές από τις φέτες, με το λάδι προς τα κάτω, στο ταψί, αλείψτε τις κορυφές με λίγο ακόμη λάδι και πασπαλίστε με λίγο ακόμα αλάτι. Μαγειρέψτε για 2-3 λεπτά από κάθε πλευρά ή μέχρι να απανθρακωθεί και να μαλακώσει. Επαναλάβετε με τις υπόλοιπες φέτες.
c) Ρίχνουμε το λάδι για το ντρέσινγκ σε μια μικρή κατσαρόλα και το βάζουμε σε μέτρια φωτιά για 2-3 λεπτά. Είναι αρκετά ζεστό όταν ένα κομμάτι ασκαλώνι που προστίθεται στο τηγάνι τσιτσιρίζει απαλά. Σβήνουμε τη φωτιά, προσθέτουμε όλο το ασκαλώνιο, το σκόρδο και το δεντρολίβανο και ανακατεύουμε καλά. Αφήστε το να μαγειρευτεί απαλά για 2-3 λεπτά, προσθέστε το ξύδι και τις νιφάδες τσίλι (αν το χρησιμοποιήσετε) και αλατοπιπερώστε.
d) Στρώνουμε τις φέτες μελιτζάνας και τις ντομάτες σε ένα ρηχό μπολ ή σε μια πιατέλα. Περιχύνετε κάθε στρώση με λίγο από το ντρέσινγκ και μετά πασπαλίζετε με τη ρόκα. Κόψτε κάθε burrata στη μέση και τοποθετήστε από πάνω. Περιχύνετε με το υπόλοιπο ντρέσινγκ και σερβίρετε.

89. Σαλάτα χαλούμι, σπαράγγια και φασολάδα

Σερβίρει 2

ΣΥΣΤΑΤΙΚΑ:

- 250 γραμμάρια πράσινα φασόλια ψιλά κομμένα
- 100 γρ σπαράγγια ψιλά κομμένα
- τυρί χαλούμι 250 γρ
- ½ κουταλάκι του γλυκού νιφάδες τσίλι
- 1 κουταλιά της σούπας ελαιόλαδο
- 200 γραμμάρια ντοματίνια κομμένα στη μέση
- 50 γρ ελιές Καλαμών χωρίς κουκούτσι
- Μικρή χούφτα βλαστούς μπιζελιού
- Θαλασσινό αλάτι και φρεσκοτριμμένο μαύρο πιπέρι
- Για το ντύσιμο
- 2 κλωνάρια βασιλικού, φύλλα μαζεμένα
- 2 κλωναράκια μέντας, φύλλα μαζεμένα
- 1 κουταλιά της σούπας ξύδι από κόκκινο κρασί
- 3 κουταλιές της σούπας εξαιρετικό παρθένο ελαιόλαδο

οδηγίες:

a) Βράστε ένα μπρίκι με νερό και μετά ρίξτε το σε μια κατσαρόλα. Αλατίζουμε και το τοποθετούμε σε δυνατή φωτιά. Μόλις βράσουν ξανά, προσθέστε τα φασόλια και μαγειρέψτε για 4 λεπτά, μετά προσθέστε τα σπαράγγια και μαγειρέψτε για ένα ακόμη λεπτό. Στραγγίζουμε και βάζουμε τα λαχανικά σε ένα μεγάλο μπολ με παγωμένο νερό για να σταματήσει η διαδικασία μαγειρέματος.

b) Για να φτιάξετε το ντρέσινγκ, βάλτε τα φύλλα βασιλικού και μέντας σε ένα μικρό πολυμηχάνημα με το ξύδι και το λάδι. Αλατοπιπερώνουμε και ανακατεύουμε μέχρι να ομογενοποιηθούν.

c) Κόψτε το χαλούμι στη μέση οριζόντια ώστε να έχετε δύο παραλληλόγραμμα. Πασπαλίστε το καθένα με μερικές από τις νιφάδες τσίλι.

d) Τοποθετήστε ένα αντικολλητικό τηγάνι σε μέτρια προς δυνατή φωτιά. Όταν ζεσταθεί, προσθέστε το λάδι και ανακινήστε το απαλά για να καλύψει ομοιόμορφα τη βάση. Βάζουμε τις φέτες χαλούμι στο τηγάνι, με την πλευρά του τσίλι προς τα κάτω και πασπαλίζουμε από πάνω λίγο ακόμα τσίλι. Μαγειρέψτε για 2-3 λεπτά από κάθε πλευρά ή μέχρι να ροδίσει.

e) Εν τω μεταξύ, στραγγίζουμε τα φασόλια και τα σπαράγγια και τα βάζουμε σε ένα μπολ με τα ντοματίνια και το μισό dressing. Ανακατεύουμε καλά και μοιράζουμε σε δύο πιάτα. Τοποθετούμε από πάνω το χαλούμι.

f) Προσθέστε τις ελιές στο τηγάνι να ζεσταθούν και μετά τις πασπαλίζετε γύρω από το χαλούμι. Περιχύστε με το υπόλοιπο ντρέσινγκ και γαρνίρετε με μερικούς βλαστούς αρακά πριν σερβίρετε.

90. Παντζαροσαλάτα με σαντιγί κατσικίσιο τυρί

Σερβίρει 2

ΣΥΣΤΑΤΙΚΑ:

- 40 γρ φουντούκια
- 1 ωμό καραμέλα παντζάρι
- 4 παντζάρια μαγειρεμένα
- ½ σακουλάκι (60 γραμμάρια) μείγμα σαλάτας παντζαριού που αγοράστηκε από το κατάστημα
- Για το ντύσιμο
- 1 κουταλιά της σούπας ξύδι σέρι
- 1 κουταλιά της σούπας χυμό παντζάρι (προαιρετικά)
- 1 κουταλάκι του γλυκού μουστάρδα Dijon
- 3 κουταλιές της σούπας εξαιρετικό παρθένο ελαιόλαδο
- Θαλασσινό αλάτι και φρεσκοτριμμένο μαύρο πιπέρι
- Για το σαντιγί
- 100g μαλακό κατσικίσιο τυρί
- 50 γρ τυρί κρέμα
- Ξύσμα από ½ λεμόνι
- 2 κλωναράκια λεμονιού θυμάρι, φύλλα μαζεμένα
- 1-2 κουταλάκια του γλυκού νερό

οδηγίες:

a) Προθερμαίνουμε το φούρνο στους 200°C/180°C ανεμιστήρα/γκάζι 4.

b) Απλώνουμε τα φουντούκια σε ένα μικρό ταψί και τα βάζουμε στο φούρνο για 5-8 λεπτά ή μέχρι να πάρουν ένα σκούρο χρυσαφί χρώμα.

Εν τω μεταξύ, βάλτε όλα τα υλικά του ντρέσινγκ σε ένα μικρό μπολ. Αλατοπιπερώνουμε και χτυπάμε καλά.

c) Χρησιμοποιώντας ένα μαντολίνο ή ένα κοφτερό μαχαίρι, κόψτε τα παντζάρια σε πολύ λεπτές φέτες και, στη συνέχεια, χρησιμοποιήστε ένα στρογγυλό κόφτη ζαχαροπλαστικής (διάμετρος περίπου 6,5 cm) για να σφραγίσετε έναν κύκλο από κάθε φέτα. Τοποθετούμε τους κύκλους στο ντρέσινγκ για να γίνουν ελαφρά τουρσί.

d) Βγάζουμε τα φουντούκια από το φούρνο και τα αφήνουμε να κρυώσουν.

Τοποθετήστε τα υλικά του χτυπημένου τυριού σε έναν επεξεργαστή τροφίμων με μια πρέζα αλάτι και πιπέρι. Ανακατεύουμε μέχρι να ομογενοποιηθούν, προσθέτοντας λίγο ακόμα νερό για να χαλαρώσει αν χρειάζεται. Τοποθετούμε στο ψυγείο μέχρι να χρειαστεί.

e) Κόβετε τα ψημένα παντζάρια στα τέσσερα και τα βάζετε σε ένα μπολ με το μείγμα της σαλάτας. Προσθέστε το μισό ντρέσινγκ, αλατοπιπερώστε και ανακατέψτε καλά και μετά μοιράστε σε δύο πιάτα. Βγάλτε τις φέτες παντζάρι καραμέλα από το dressing και τοποθετήστε πάνω στη σαλάτα. Περάστε με μια κουταλιά από το χτυπημένο κατσικίσιο τυρί και με ένα κουτάλι το υπόλοιπο ντρέσινγκ.

f) Χρησιμοποιώντας την επίπεδη πλευρά του μαχαιριού σας, συνθλίψτε τα φουντούκια σε ένα ξύλο κοπής, ώστε να σπάσουν ελαφρά. Πασπαλίστε λίγο πάνω από κάθε πιάτο για να σερβίρετε.

91.   Βιετναμέζικη σαλάτα με νουντλς με κεφτεδάκια

Σερβίρει 2

ΣΥΣΤΑΤΙΚΑ:

- 250 γρ κιμά χοιρινό
- 2 κουταλάκια του γλυκού πάστα λεμονόχορτου
- 1 κουταλιά της σούπας σάλτσα ψαριού
- 1 κουταλάκι του γλυκού λευκή ζάχαρη
- 1 σκελίδα σκόρδο, ξεφλουδισμένη και λιωμένη
- 2 φρέσκα κρεμμυδάκια κομμένα και ψιλοκομμένα
- Πρέζα αλεσμένο λευκό πιπέρι
- 1 κουταλιά της σούπας φυτικό λάδι
- Για τη σαλάτα
- 100 g noodles ρυζιού φιδέ
- 1 μεγάλο καρότο, καθαρισμένο και ζουλιέν
- ½ αγγούρι, ζουλιέν
- 2 χούφτες φύτρα φασολιών
- 8 μικρά πετραδάκια μαρουλιού
- Φύλλα φρέσκιας μέντας και κόλιανδρου
- 20 γρ φιστίκια αλατισμένα, χοντροκομμένα
- Για το ντύσιμο
- 30 ml σάλτσα ψαριού
- 30 ml ξίδι ρυζιού
- 1 κουταλιά της σούπας ζάχαρη άχνη
- Χυμός από ½ λάιμ
- 1 σκελίδα σκόρδο, ξεφλουδισμένη και ψιλοκομμένη
- 30 ml νερό
- ½ κόκκινο τσίλι, ξεσποριασμένο αν θέλετε πιο ήπιο χτύπημα, ψιλοκομμένο

οδηγίες:
α) Σε ένα μπολ βάζουμε το χοιρινό, την πάστα λεμονόχορτου, τη σάλτσα ψαριού, τη λευκή ζάχαρη, το ψιλοκομμένο σκόρδο, τα φρέσκα κρεμμυδάκια και τη λευκή πιπεριά και ανακατεύουμε καλά με καθαρά χέρια. Χωρίστε τα σε 12 ίσα κομμάτια, στη

233

συνέχεια τυλίξτε το καθένα σε μπάλα και ισιώστε ελαφρά. Βάλτε στη μία πλευρά.

b) Φέρτε ένα μπρίκι με νερό να βράσει. Βάζετε τα noodles σε ένα μεγάλο, ανθεκτικό στη θερμότητα μπολ και περιχύνετε με αρκετό βραστό νερό για να τα σκεπάσει. Βάλτε στη μία πλευρά για 10 λεπτά.

c) Στο μεταξύ ετοιμάζουμε το καρότο και το αγγούρι.

d) Όταν μαλακώσουν τα νουντλς, τα στραγγίζουμε και τα κρατάμε κάτω από κρύο τρεχούμενο νερό μέχρι να κρυώσουν. Τα στραγγίζουμε ξανά και τα βάζουμε στη μία πλευρά μέχρι να χρειαστούν.

e) Τοποθετήστε ένα μεγάλο αντικολλητικό τηγάνι σε μέτρια προς δυνατή φωτιά και προσθέστε το φυτικό λάδι. Όταν ζεσταθεί, προσθέστε τα κεφτεδάκια και μαγειρέψτε για 2-3 λεπτά από κάθε πλευρά ή μέχρι να ροδίσουν και να ψηθούν.

Όσο ψήνονται οι κεφτέδες, βάζουμε όλα τα υλικά του ντρέσινγκ σε ένα μπολ και ανακατεύουμε καλά.

f) Μοιράστε τα noodles σε δύο μπολ σερβιρίσματος και προσθέστε το καρότο, το αγγούρι, τα φύτρα φασολιών, τα φύλλα μαρουλιού και τα φρέσκα μυρωδικά. Περιχύνουμε με τα ψημένα κεφτεδάκια. Ρίξτε λίγο από το ντρέσινγκ με ένα κουτάλι πάνω από τη σαλάτα και σερβίρετε το υπόλοιπο στο πλάι. Σκορπίζουμε πάνω από τα φιστίκια πριν τα σερβίρουμε.

92. <u>Ασιατική σαλάτα πάπιας</u>

Σερβίρει 2

ΣΥΣΤΑΤΙΚΑ:

- 2 στήθη πάπιας
- 1 κουταλάκι του γλυκού κινέζικη σκόνη πέντε μπαχαρικών
- 6 ραπανάκια, κομμένα σε φέτες
- ⅓ αγγούρι, κομμένο στη μέση και κομμένο υπό γωνία
- 2 μεγάλες χούφτες κάρδαμο
- 2 μεγάλες χούφτες φύτρα φασολιών
- 2 μεγάλες χούφτες ανάμεικτα φύλλα σαλάτας
- Μικρή χούφτα φύλλα κόλιανδρου
- 1 κουταλάκι του γλυκού καβουρδισμένο σουσάμι
- 1 μακρύ κόκκινο τσίλι, ξεσποριασμένο αν θέλετε πιο ήπιο χτύπημα, κομμένο σε λεπτές φέτες υπό γωνία
- 2 φρέσκα κρεμμυδάκια, μόνο πράσινα μέρη, κομμένα σε φέτες κατά μήκος
- Θαλασσινό αλάτι και φρεσκοτριμμένο μαύρο πιπέρι
- Για το ντύσιμο
- 1 ½ κουταλιά της σούπας σάλτσα hoisin
- 1 κουταλάκι του γλυκού καθαρισμένη και τριμμένη φρέσκια ρίζα τζίντζερ
- 1 κουταλιά της σούπας σησαμέλαιο
- 1 κουταλιά της σούπας ξύδι ρυζιού
- Χυμός από ½ λάιμ

οδηγίες:
a) Προθερμαίνουμε το φούρνο στους 200°C/180°C ανεμιστήρα/γκάζι 6.
b) Χρησιμοποιώντας ένα πολύ κοφτερό μαχαίρι, χαράξτε το δέρμα στο στήθος της πάπιας σε διαγώνιες γραμμές, πρώτα προς τη μία κατεύθυνση και μετά την άλλη, ώστε να έχετε ένα σχέδιο με διαμάντια. Τρίψτε τα κινέζικα πέντε μπαχαρικά και μετά αλατοπιπερώστε και τις δύο πλευρές.
c) Βάλτε τα στήθη πάπιας, με το δέρμα προς τα κάτω, σε ένα αντικολλητικό, πυρίμαχο τηγάνι. Τοποθετήστε το τηγάνι σε

μέτρια προς δυνατή φωτιά και μαγειρέψτε για 7 λεπτά ή μέχρι να γίνει το λίπος και η φλούδα να γίνει τραγανή και χρυσή.

d) Εν τω μεταξύ, βάλτε τα ραπανάκια και το αγγούρι σε μια σαλατιέρα με το κάρδαμο, τα φύτρα φασολιών, τα ανάμεικτα φύλλα σαλάτας και τον κόλιανδρο.

Φτιάχνουμε το ντρέσινγκ χτυπώντας όλα τα υλικά μαζί.

e) Αναποδογυρίζουμε τα στήθη πάπιας και βάζουμε το τηγάνι στο φούρνο για 3-4 λεπτά. Βγάζουμε από το φούρνο και αφήνουμε να ξεκουραστεί για 2-3 λεπτά.

f) Προσθέστε το μισό dressing στη σαλατιέρα και ανακατέψτε καλά. Μοιράζουμε τη σαλάτα σε δύο πιάτα σερβιρίσματος.

g) Χαράζουμε την πάπια σε χοντρές φέτες και την απλώνουμε πάνω από τη σαλάτα. Περιχύνουμε με ένα κουτάλι το υπόλοιπο ντρέσινγκ και πασπαλίζουμε με το σουσάμι, το τσίλι και τα φρέσκα κρεμμυδάκια πριν σερβίρουμε.

93. Σολομός τηγανητό με ζεστή πατατοσαλάτα

Σερβίρει 4

ΣΥΣΤΑΤΙΚΑ:
- 700 γραμμάρια καινούριες ή πατάτες σαλάτας, όπως Charlotte ή Pink Fir Apple
- ½ κουταλάκι του γλυκού αλάτι
- 1 φύλλο δάφνης
- 2 κλωναράκια θυμάρι
- 5 κόκκους μαύρου πιπεριού
- 1 κουταλιά της σούπας ελαιόλαδο
- 4 φιλέτα σολομού με πέτσα
- 2 ασκαλώνια μπανάνας
- 2 κουταλιές της σούπας άνηθο
- 150 γραμμάρια κρέμα γάλακτος
- 2 κουταλιές της σούπας κάπαρη nonpareils
- Θαλασσινό αλάτι και φρεσκοτριμμένο μαύρο πιπέρι
- Φέτες λεμονιού, για σερβίρισμα

οδηγίες:
a) Βράστε ένα μπρίκι με νερό και μετά ρίξτε το σε μια κατσαρόλα. Προσθέτουμε τις πατάτες, το αλάτι, τη δάφνη, τα κλωνάρια θυμαριού και τους κόκκους πιπεριού, σκεπάζουμε το τηγάνι με ένα καπάκι και αφήνουμε να πάρει βράση. Μόλις πάρει βράση, αφαιρέστε το καπάκι, χαμηλώστε τη φωτιά και σιγοβράστε για 10-12 λεπτά ή μέχρι να ψηθεί.
b) Όσο ψήνονται οι πατάτες, ξεφλουδίζουμε και ψιλοκόβουμε τα ασκαλώνια και ψιλοκόβουμε τον άνηθο.
c) Μόλις ψηθούν οι πατάτες, τις στραγγίζουμε και τις απλώνουμε σε ένα ξύλο κοπής να κρυώσουν λίγο. Πετάξτε τη δάφνη, τα κλαδιά θυμαριού και τους κόκκους πιπεριού.
d) Τοποθετούμε ένα μεγάλο τηγάνι σε μέτρια προς δυνατή φωτιά και προσθέτουμε το ελαιόλαδο. Αλατοπιπερώνουμε τα φιλέτα σολομού και, μόλις ζεσταθεί το λάδι, τα προσθέτουμε στο τηγάνι,

με την πέτσα προς τα κάτω. Μαγειρέψτε για 3-4 λεπτά πριν αναποδογυρίσετε και ψήσετε για άλλα 1-2 λεπτά. Αποσύρουμε το τηγάνι από τη φωτιά και το αφήνουμε στη μία πλευρά.

e) Χρησιμοποιώντας μια καθαρή πετσέτα τσαγιού για να προστατέψετε το χέρι σας, κόψτε τις ζεστές πατάτες και βάλτε τις σε ένα μπολ με τα ασκαλώνια, τον άνηθο, την κρεμ φρα και την κάπαρη. Ανακατεύουμε να ενωθούν και αλατοπιπερώνουμε γενναιόδωρα.

f) Τοποθετήστε τα φιλέτα σολομού σε πιάτα με μια φέτα λεμονιού δίπλα και προσθέστε μια γενναία κουταλιά από τις ζεστές πατάτες. Σερβίρουμε με πράσινη σαλάτα.

94. Καπνιστή ρεβιθοσαλάτα τόνου

Ρεβυθός τόνος:

- 15 ουγγιές μαγειρεμένα ρεβίθια σε κονσέρβα ή με άλλο τρόπο.
- 2-3 κουταλιές της σούπας απλό γιαούρτι
- 2 κουταλάκια του γλυκού μουστάρδα Dijon.
- ½ κουταλάκι του γλυκού αλεσμένο κύμινο.
- ½ κουταλάκι του γλυκού καπνιστή πάπρικα.
- 1 κουταλιά της σούπας φρέσκο χυμό λεμονιού.
- 1 κοτσάνι σέλινου κομμένο σε κύβους.
- 2 κρεμμυδάκια ψιλοκομμένα.
- Θαλασσινό αλάτι για γεύση.

Συναρμολόγηση σάντουιτς:

- 4 κομμάτια ψωμί σίκαλης ή ψωμί σίκαλης.
- 1 φλιτζάνι βρεφικό σπανάκι.
- 1 αβοκάντο κομμένο σε φέτες ή κύβους.
- Αλάτι + πιπέρι.

ΟΔΗΓΙΕΣ:

a) Ετοιμάστε τη σαλάτα ρεβιθιού τόνου

Σε έναν επεξεργαστή τροφίμων, χτυπήστε τα ρεβίθια μέχρι να μοιάζουν με μια χοντρή, εύθρυπτη υφή. Ρίχνετε τα ρεβίθια σε ένα μεσαίου μεγέθους μπολ και προσθέτετε τα υπόλοιπα ενεργά συστατικά, ανακατεύοντας μέχρι να ενωθούν καλά. Καρυκεύστε με άφθονο θαλασσινό αλάτι σύμφωνα με το γούστο σας.

b) Φτιάξε το σάντουιτς σου

c) Στρώστε το σπανάκι μωρού σε κάθε φέτα ψωμιού. προσθέστε αρκετές στοίβες τονοσαλάτα ρεβιθιού, απλώνοντας ομοιόμορφα. Περιχύνουμε με φέτες αβοκάντο, μερικούς κόκκους θαλασσινού αλατιού και φρεσκοτριμμένο πιπέρι.

ΕΠΙΔΟΡΦΙΑ

95. Σορμπέ λάιμ αβοκάντο με κόλιανδρο

Κάνει 4

ΣΥΣΤΑΤΙΚΑ:
- 2 αβοκάντο (αφαιρούνται τα κουκούτσια και το δέρμα)
- ¼ φλιτζάνι Ερυθριτόλη, σε σκόνη
- 2 μέτρια λάιμ, χυμό και ξύσμα
- 1 φλιτζάνι γάλα καρύδας
- ¼ κουταλάκι του γλυκού Υγρή Στέβια
- ¼ – ½ φλιτζάνι κόλιανδρο, ψιλοκομμένο

ΟΔΗΓΙΕΣ:
a)   Βάζουμε το γάλα καρύδας να βράσει σε μια κατσαρόλα. Προσθέστε το ξύσμα λάιμ.

b)   Αφήνουμε το μείγμα να κρυώσει και μετά παγώνουμε.

c)   Σε έναν επεξεργαστή τροφίμων, συνδυάστε το αβοκάντο, τον κόλιανδρο και τον χυμό λάιμ. Σφάλμα μέχρι το μείγμα να αποκτήσει μια ογκώδη υφή.

d)   Ρίξτε το μείγμα γάλακτος καρύδας και τη υγρή στέβια πάνω από τα αβοκάντο. Ανακατέψτε το μείγμα μέχρι να αποκτήσει την κατάλληλη συνοχή. Χρειάζονται περίπου 2-3 λεπτά για να γίνει αυτή η εργασία.

e)   Επιστρέψτε στην κατάψυξη για να ξεπαγώσει ή σερβίρετε αμέσως!

96. Ντόνατς με κεράσι και σοκολάτα

Κάνει 12

Ξηρά συστατικά

- 3/4 φλιτζάνι αλεύρι αμυγδάλου
- ¼ φλιτζάνι Γεύμα με χρυσό λιναρόσπορο
- 1 κουταλάκι του γλυκού Baking Powder
- Πρέζα αλάτι
- 10g μπάρες μαύρης σοκολάτας, κομμένες σε κύβους

Υγρά συστατικά

- 2 μεγάλα αυγά
- 1 κουταλάκι του γλυκού εκχύλισμα βανίλιας
- 2 ½ κουταλιές της σούπας λάδι καρύδας
- 3 κουταλιές της σούπας γάλα καρύδας

ΟΔΗΓΙΕΣ:

Σε ένα μεγάλο μπολ ανακατεύουμε τα ξηρά υλικά (εκτός από τη μαύρη σοκολάτα).

Ανακατεύουμε τα υγρά υλικά και στη συνέχεια ρίχνουμε τα κομμάτια μαύρης σοκολάτας.

a)   Συνδέστε τη συσκευή παρασκευής ντόνατ και λάδι εάν χρειάζεται.

b)   Ρίχνουμε το κουρκούτι στη συσκευή για ντόνατ, κλείνουμε και μαγειρεύουμε για περίπου 4-5 λεπτά.

c)   Χαμηλώνουμε τη φωτιά και μαγειρεύουμε για άλλα 2-3 λεπτά.

d)   Επαναλάβετε για το υπόλοιπο κουρκούτι και μετά σερβίρετε.

97. Ρουστίκ εξοχική πίτα

Κάνει 4 με 6 μερίδες

ΣΥΣΤΑΤΙΚΑ:

- Πατάτες Yukon Gold, καθαρισμένες και κομμένες σε κύβους
- 2 κουταλιές της σούπας μαργαρίνη
- ¼ φλιτζάνι απλό γάλα σόγιας χωρίς ζάχαρη
- Αλάτι και φρεσκοτριμμένο μαύρο πιπέρι
- 1 κουταλιά της σούπας ελαιόλαδο
- 1 μέτριο κίτρινο κρεμμύδι, ψιλοκομμένο
- 1 μέτριο καρότο, ψιλοκομμένο
- 1 παϊδάκι σέλινο, ψιλοκομμένο
- Σεϊτάν 12 ουγκιών, ψιλοκομμένο
- 1 φλιτζάνι μπιζέλια κατεψυγμένα
- 1 φλιτζάνι κατεψυγμένα κουκούτσια καλαμποκιού
- 1 κουταλάκι του γλυκού αποξηραμένο αλμυρό
- ½ κουταλάκι του γλυκού αποξηραμένο θυμάρι

ΟΔΗΓΙΕΣ:

a)   Σε μια κατσαρόλα με αλατισμένο νερό που βράζει, μαγειρέψτε τις πατάτες μέχρι να μαλακώσουν, για 15 με 20 λεπτά.

b)   Στραγγίζουμε καλά και επιστρέφουμε στην κατσαρόλα. Προσθέστε τη μαργαρίνη, το γάλα σόγιας και αλάτι και πιπέρι για γεύση.

c)   Πολτοποιούμε χοντροκομμένα με έναν πουρέ πατάτας και αφήνουμε στην άκρη. Προθερμάνετε το φούρνο στους 350°F.

d)   Σε ένα μεγάλο τηγάνι ζεσταίνουμε το λάδι σε μέτρια φωτιά. Προσθέστε το κρεμμύδι, το καρότο και το σέλινο.

e)   Σκεπάζουμε και μαγειρεύουμε μέχρι να μαλακώσουν, περίπου 10 λεπτά. Μεταφέρετε τα λαχανικά σε ένα ταψί 9 x 13 ιντσών. Προσθέστε το σεϊτάν, τη σάλτσα μανιταριών, τον αρακά, το καλαμπόκι, το αλμυρό και το θυμάρι.

f)   Αλατοπιπερώνουμε κατά βούληση και απλώνουμε το μείγμα ομοιόμορφα στο ταψί.

g)   Από πάνω ρίχνουμε τον πουρέ πατάτας, απλώνοντας μέχρι τις άκρες του ταψιού. Ψήνουμε μέχρι να ροδίσουν οι πατάτες και να αφρίσει η γέμιση, περίπου 45 λεπτά.

h)   Σερβίρετε αμέσως.

98. Φοντί αμαρέτο σοκολάτας

Κάνει 4 Μερίδες

ΣΥΣΤΑΤΙΚΑ:

- 3 ουγγιές σοκολάτα ψησίματος χωρίς ζάχαρη
- 1 φλιτζάνι παχύρρευστη κρέμα
- 24 πακέτα γλυκαντική ασπαρτάμη
- 1 κουταλιά της σούπας ζάχαρη
- 1 κουταλάκι του γλυκού αμαρέτο
- 1 κουταλάκι του γλυκού εκχύλισμα βανίλιας
- Μούρα, ½ φλιτζάνι ανά μερίδα

ΟΔΗΓΙΕΣ:

a)   Σπάμε τη σοκολάτα σε μικρά κομμάτια και τη βάζουμε σε ποτήρι 2 φλιτζανιών με την κρέμα.

b)   Ζεσταίνουμε στο φούρνο μικροκυμάτων σε υψηλή θερμοκρασία μέχρι να λιώσει η σοκολάτα, περίπου 2 λεπτά. Χτυπάμε μέχρι να γυαλίσει το μείγμα.

c)   Προσθέστε το γλυκαντικό, τη ζάχαρη, το αμαρέτο και τη βανίλια, ανακατεύοντας μέχρι να ομογενοποιηθεί το μείγμα.

d)   Μεταφέρετε το μείγμα σε μια κατσαρόλα για fondue ή σε ένα μπολ σερβιρίσματος. Σερβίρουμε με μούρα για βουτιά.

99. Φλάνς με κουλούρι βατόμουρου

Κάνει 2 με 4 μερίδες

ΣΥΣΤΑΤΙΚΑ:

- 1 φλιτζάνι γάλα
- 1 φλιτζάνι μισό-μισό
- 2 μεγάλα αυγά
- 2 μεγάλοι κρόκοι αυγών
- 6 πακέτα γλυκαντική ασπαρτάμη
- ¼ κουταλάκι του γλυκού αλάτι kosher
- 1 κουταλάκι του γλυκού εκχύλισμα βανίλιας
- 1 φλιτζάνι φρέσκα σμέουρα

ΟΔΗΓΙΕΣ:

a)   Τοποθετήστε ένα ταψί γεμάτο με 1 ίντσα νερό σε μια σχάρα στο κάτω τρίτο του φούρνου.

b)   Βουτυρώνουμε έξι ραμεκίν ½ ίντσας. Ζεσταίνουμε το γάλα και το μισό-μισό στο φούρνο μικροκυμάτων σε δυνατή (100 τοις εκατό ισχύ) για 2 λεπτά ή στο μάτι της κουζίνας σε μια μέτρια κατσαρόλα μέχρι να ζεσταθεί.

c)   Εν τω μεταξύ, χτυπήστε τα αυγά και τους κρόκους σε ένα μεσαίο μπολ μέχρι να αφρατέψουν.

d)   Χτυπάμε σταδιακά το ζεστό μείγμα γάλακτος στα αυγά. Προσθέστε το γλυκαντικό, το αλάτι και τη βανίλια. Ρίξτε το μείγμα στα έτοιμα ραμεκίν.

e)   Τοποθετήστε τις γεμάτες νερό κατσαρόλες και ψήστε μέχρι να δέσουν οι κρέμες, περίπου 30 λεπτά.

f)   Αφαιρέστε τα πιάτα από το τηγάνι και ψύξτε σε θερμοκρασία δωματίου σε μια σχάρα και μετά ψύξτε μέχρι να κρυώσουν, περίπου 2 ώρες.

g)   Για να φτιάξετε το κουλούρι, απλώς πολτοποιήστε τα σμέουρα στον επεξεργαστή τροφίμων. Προσθέστε γλυκαντικό για γεύση.

h)   Για να σερβίρετε, περάστε μια κουταλιά γύρω από την άκρη κάθε κρέμας και απλώστε την σε ένα πιάτο γλυκού.

i)   Περιχύστε κουλούρες πάνω από την κρέμα και τελειώστε με λίγα φρέσκα σμέουρα και ένα κλαδάκι δυόσμο, αν χρησιμοποιείτε.

100. Μπαλάκια φρούτων σε μπέρμπον

Κάνει 2 μερίδες

ΣΥΣΤΑΤΙΚΑ:
- ½ φλιτζάνι μπάλες πεπόνι
- ½ φλιτζάνι φράουλες κομμένες στη μέση
- 1 κουταλιά της σούπας μπέρμπον
- 1 κουταλιά της σούπας ζάχαρη
- ½ πακέτο γλυκαντικό ασπαρτάμης
- Κλαδιά φρέσκιας μέντας για γαρνίρισμα

ΟΔΗΓΙΕΣ:
a)   Συνδυάστε τις μπάλες πεπονιού και τις φράουλες σε ένα γυάλινο πιάτο.

b)   Ανακατεύουμε με το μπέρμπον, τη ζάχαρη και την ασπαρτάμη.

c)   Σκεπάζουμε και βάζουμε στο ψυγείο μέχρι να σερβίρουμε. Ρίχνετε τα φρούτα σε πιάτα για επιδόρπιο και διακοσμείτε με φύλλα μέντας.

ΣΥΜΠΕΡΑΣΜΑ

Συγχαρητήρια, φτάσατε στο τέλος του βιβλίου μαγειρικής της πολυάσχολης μαμάς! Ελπίζουμε ότι αυτό το βιβλίο ήταν μια πολύτιμη πηγή για εσάς, παρέχοντας πρακτικές λύσεις για να ταΐσετε την οικογένειά σας υγιεινά και νόστιμα γεύματα, ακόμη και τις πιο πολυσύχναστες μέρες.

Ως πολυάσχολη μαμά, μπορεί να είναι δύσκολο να εξισορροπήσετε τις πολλές σας ευθύνες, ενώ παράλληλα φροντίζετε τις διατροφικές ανάγκες της οικογένειάς σας. Αυτό το βιβλίο μαγειρικής σχεδιάστηκε με γνώμονα εσάς, με συνταγές που ακολουθούνται εύκολα, προετοιμάζονται γρήγορα και είναι γεμάτες με απαραίτητα θρεπτικά συστατικά.

Θυμηθείτε, το μαγείρεμα δεν χρειάζεται να είναι αγγαρεία. Μπορεί να είναι μια διασκεδαστική και δημιουργική διέξοδος και ένας τρόπος να δείξετε την αγάπη σας για την οικογένειά σας μέσα από νόστιμα και θρεπτικά γεύματα. Σας ενθαρρύνουμε να πειραματιστείτε με διαφορετικά υλικά και συνδυασμούς γεύσεων και να εμπλέκετε τα παιδιά σας στη διαδικασία μαγειρέματος όποτε είναι δυνατόν.

Πάνω απ 'όλα, ελπίζουμε ότι αυτό το βιβλίο μαγειρικής βοήθησε να απλοποιήσει τη ζωή σας και να φέρει χαρά στις ώρες των γευμάτων σας. Πιστεύουμε ότι το υγιεινό και νόστιμο φαγητό πρέπει να είναι προσβάσιμο σε όλους και είμαστε περήφανοι που μοιραστήκαμε αυτήν τη συλλογή συνταγών μαζί σας.

Ευχαριστούμε που επιλέξατε το The Βιβλιο μαγειρικησ τα παντα πραγματοποιημενα μαμα Cookbook και καλή μαγειρική!

Ingram Content Group UK Ltd.
Milton Keynes UK
UKHW021819170723
425310UK00005B/33